SOMMER OUTFITS
ZUM SELBSTNÄHEN

Brigitte Büge

SOMMER OUTFITS
ZUM SELBSTNÄHEN

Brigitte Büge

DK

Inhalt

42

48

52

56

60

64

68

72

76

80

84 & 86

90

Einleitung

WARUM ICH DIESES BUCH GESCHRIEBEN HABE

Ich liebe meinen Beruf. Schon als Kind, im Alter von fünf Jahren, durfte ich im Atelier meiner Mutter die Knöpfe an ihre maßgeschneiderten Modelle nähen. Mit 13 Jahren kreierte ich mir mein Konfirmationskleid selbst und fertigte es, mithilfe meiner Mutter, an. Von da an trug ich keine gekauften Kleidungsstücke mehr. Seit 20 Jahren entwerfe ich nun jährlich zwei Kollektionen, die sich unter dem Namen »Brigitte Büge Collection« auf dem Markt im In- und Ausland gut etabliert haben. Das ist gelebte Berufung.

Da ich außerdem in den letzten 25 Jahren viele junge Menschen zu Modeschneider/innen ausgebildet habe, möchte ich einen Teil meines daraus entstandenen Erfahrungsschatzes weitergeben. Ich habe für dieses Buch eine kleine Sommerkollektion aus Kleidern, Tops, Shorts und Röcken entworfen, die leicht nachzunähen sind (wie schwierig ein Modell ist, zeigen dir die Sonnen bei jedem Projekt an). Die Schnitte, die ich ausgesucht habe, sind relativ simpel und doch topmodern, sodass für jeden etwas dabei ist. Und ist es nicht einfach etwas Großartiges, sich selbst etwas zu schneidern und zu wissen: Dieses Top, diesen Rock, diesen Jumpsuit habe ich mir selbst genäht?

Einige der Modelle sind aus speziellen Stoffen genäht. Sie haben eine hochwertige Qualität und einen großartigen Tragekomfort. Diese Stoffe sind etwas ganz Besonderes und es gibt sie nicht im Handel zu kaufen. Sie wurden von italienischen Textildesignern kreiert und vor Ort produziert. Das Tolle ist: Du kannst diese Stoffe online unter *www.brigitte-buege-online.com* bestellen. Welche das sind, steht auf Seite 95.

Auf unserer Website kannst du außerdem alle Schnitte aus diesem Buch in den Größen 34–44 erwerben und dir damit einen professionellen Schnittfundus zulegen. Du bekommst den Schnitt in deiner Größe fertig ausgeschnitten mit allen Nahtzugaben und spezifischen Daten und kannst somit sofort mit dem Zuschneiden und Nähen beginnen.

TIPPS RUND UMS NÄHEN

Es gibt viele Tipps, wie man es machen, aber auch nicht machen soll. Der wichtigste Tipp, den ich seit 25 Jahren meinen Auszubildenden mit auf den Weg gebe und auch dir nahelege, ist: Erledige alles, was du tust, egal was, mit viel Freude, denn dann kannst du Wunder vollbringen und bist glücklich. Hier nun noch ein paar handfeste Hinweise:

Stoff vorbereiten

Bügele und wasche jeden Stoff vor dem Zuschnitt, denn viele Stoffe laufen durch die Wäsche ein, der eine mehr, der andere weniger. Selbst beim Bügeln schrumpfen viele Materialien nochmals. Achte auch darauf, dass du die richtige Bügelwärme einstellst. Nicht jeder Stoff verträgt extreme Hitze.

Knipse

Knipse sind extrem wichtige Markierungspunkte, die dafür sorgen, dass Schnittteile deckungsgleich aufeinander passen. Besonders hilfreich sind Knipse bei unterschiedlichen Nahtverläufen zweier Schnittteile, die man miteinander vernähen muss. Beim Zuschnitt markierst du sie mit einem kleinen Einschnitt von 3 mm.

Fadenlauf

Lege die Schnittteile in Richtung des im Schnittteil angegebenen Fadenlaufs (Pfeil) auf den Stoff. Lege den Stoff in den Stoffbruch und achte darauf, dass der im Schnittteil angegebene Fadenlauf exakt parallel zur äußeren Web- bzw. Bruchkante liegt. Wenn du die Schnittteile nicht korrekt im Fadenlauf auflegst und dann zuschneidest, wirst du erst nach der Verarbeitung viele qualitative Mängel wie z. B. Schrägzüge und Nahtverdrehungen feststellen.

Ein Beispiel: Du hast dir sicherlich schon T-Shirts oder Jeans gekauft, die gut verarbeitet aussahen. Nach der ersten Wäsche aber musstest du feststellen, dass die Seitennähte der Jeans plötzlich vorn auf dem Spann saßen oder die Seitennähte des T-Shirts sich nach vorn und nach hinten gedreht hatten. Hier wurden Schnittteile im falschen Fadenlauf zugeschnitten.

Achte auch darauf, dass dein Stoff (Webware oder Gewirk) nicht »verzogen« ist. Bruch und Webkante (Kettfaden) müssen immer im 90-Grad-Winkel zum Schussfaden liegen.

Zuschneiden

Auf welchem Schnittbogen du den Schnitt zu deinem Modell findest, ist bei jeder Anleitung angegeben. Zusätzlich helfen dir eine Übersicht der benötigten Schnittteile und Lagepläne bei der Vorbereitung. Auch, in welchen Größen der Schnitt vorliegt, ist dort aufgeführt. (Die äußere duchgehende Linie ist die größte angegebene Größe, dann folgen absteigend die kleineren.) Sollten die Stoffmengen oder andere Angaben je nach Größe variieren, so ist das an den jeweiligen Stellen immer in Klammern vermerkt.

Für einen sauberen Zuschnitt beschwere die Schnittteile auf dem Stoff mit kleineren Gewichten (z. B. Bücher), um ein Verrutschen des Stoffs oder des Schnittteils zu verhindern. Den Schnitt mit Stecknadeln auf dem Stoff zu befestigen ist auch eine Option, die ich jedoch vermeiden würde, um das Schnittmuster zu schonen.

So, jetzt kann es aber losgehen! Ganz viel Spaß dabei wünscht

Brigitte Büge

Kimono-Sommerkleid

LUFTIG UND FARBENFROH

Aus hochwertigem Baumwollvoile ist dieses schwingende und lässige Kimono-Kleid gearbeitet. Trotz der luftigen Weite hat es dank Taillenbund aus Jersey einen femininen Touch.

MATERIAL

Gemusterter Stoff (100 % Baumwolle), 170 cm (36), 170 cm (38), 170 cm (40), 180 cm (42) (145 cm breit)
Jersey für den Taillenbund und die hintere Ausschnittblende (96 % Baumwolle, 4 % Elasthan), 15 cm (140 cm breit)
Passendes Nähgarn
Nähgrundausstattung

ZUSCHNEIDEN

Schnittbogen 2 Grün
Größe 36 – 38 – 40 – 42
Schnittteile:
A Vorderteil (2 ×)
B Vordere Ausschnittblende (2 ×)
C Rückenteil
D Vorder- und Hinterrock (2 ×)
E Taillenbund (2 ×)

Die Schnittteile gemäß Lageplan mit 1 cm Nahtzugabe zuschneiden (grau gekennzeichnete Teile nur in einfacher Stofflage). Die Schablone (F) für die hintere Halsausschnittblende gemäß Schnittmusterbogen aus festem Papier erstellen.

Außerdem nachfolgendes Schnittteil zuschneiden (hier ist die Nahtzugabe bereits enthalten):
F **Hintere Halsausschnittblende:** 17 cm lang, 7 cm breit (Schablone siehe Schnittbogen)

Aus Jersey

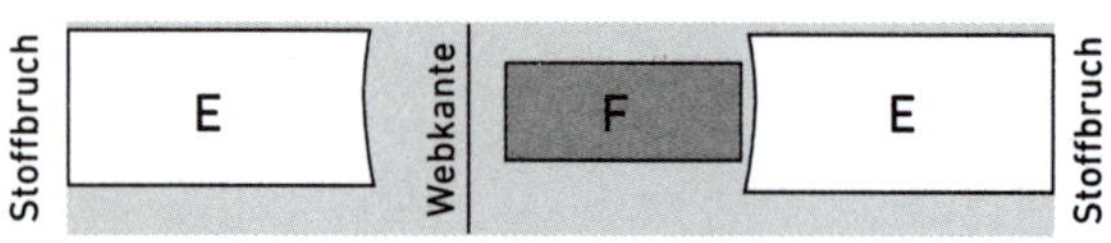

Aus gemustertem Stoff

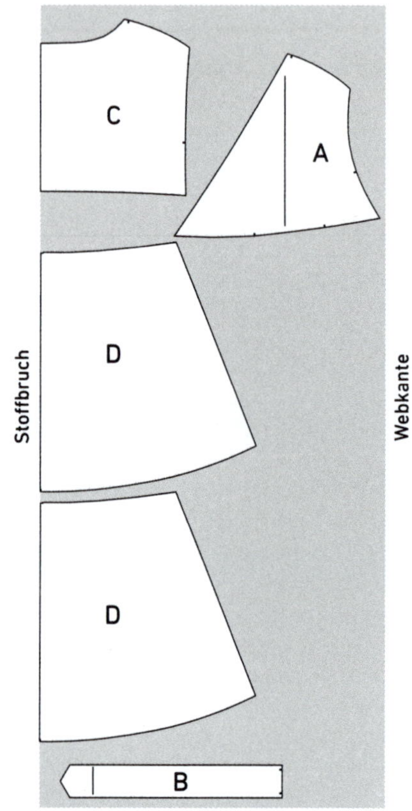

NÄHEN

1 Rockteil nähen
Lege den Vorder- und Hinterrock rechts auf rechts und schließe die Seitennähte. Anschließend versäubere die Nahtzugaben und bügele sie in den Hinterrock. Markiere dir am Vorder- und Hinterrock die vordere und hintere Mitte.

2 Kleidsaum nähen
Versäubere die Saumschnittkante. Schlage sie dann nach links bei 1 cm ein und nähe entlang der versäuberten Kante den Rocksaum fest.

3 Taillenbund vorbereiten
Lege den Taillenbund rechts auf rechts, schließe die Seitennähte bei 1 cm Nahtbreite und versäubere die Nahtzugaben. Bügele die Nahtzugaben in den hinteren Bund. Markiere dir am Bund, oben und unten, die vordere und hintere Mitte.

4 Taillenbund an das Rockteil nähen
Lege den Taillenbund rechts auf rechts auf die obere Schnittkante des Rocks (vorderer Bund auf Vorderrock und hinterer Bund auf Hinterrock). Die Seitennähte und die markierten vorderen und hinteren Mitten müssen exakt aufeinander-

treffen. Stecke sie fest und nähe im gedehnten Zustand bei 1 cm Nahtbreite. Versäubere die Naht, ebenfalls im gedehnten Zustand.

5 Halsausschnittblenden vorbereiten
Bügele die hintere Halsausschnittblende links auf links auf Bruch und lege den Stoff auf die Schablone. Bügele die Blende exakt nach der Schablonenform ein, dabei musst du die im Bruch liegende Halsausschnittkante leicht zusammendämpfen und die äußere Blendenschnittkante dehnen. Die vorderen Halsausschnittblenden bügelst du ebenfalls links auf links in den Bruch, die gerade Schnittkante ist die Schulterkante. Klappe die Blenden wieder auseinander und nähe die Schulternähte von vorderer und hinterer Blende rechts auf rechts bei 1 cm Nahtbreite zusammen. Lege die Blenden wieder links auf links in den Bruch und bügele diesen nochmals. Markiere dir in der hinteren Blende die hintere Mitte an der unteren Schnittkante.

6 Oberteil und Halsausschnittblende
Nimm die Vorderteile, das Rückenteil und die Halsausschnittblenden zur Hand. Schließe rechts auf rechts die Schulternähte im Vorder- und Rückenteil bei 1 cm Nahtbreite. Versäubere die Nahtzugaben und bügele sie in das Rückenteil. Markiere dir am hinteren Halsausschnitt die hintere Mitte. Lege die Halsausschnittblende doppelt rechts auf rechts an die Halsausschnittkante – Schulternähte und markierte hintere Mitten müssen exakt aufeinanderpassen – und nähe sie bei 1 cm zusammen. Versäubere die Schnittkanten, bügele sie in das Oberteil und steppe die Nahtzugabe knappkantig und füßchenbreit fest.

7 Oberteil vorn
Markiere dir im Vorderteil die vordere Mitte. Lege die Vorderteile übereinander, d. h. das rechte Vorderteil links auf rechts auf das linke Vorderteil, dabei müssen die vorderen Mitten der beiden Vorderteile exakt aufeinanderliegen. Stecke die

Vorderteile an der unteren Kante und an den Blendenkanten fest. Nähe die unteren doppelten Schnittkanten bei 5 mm Nahtbreite zusammen. Das rechte Vorderteil steppst du im Nahtschatten der Blendenansatznaht auf das linke Vorderteil.

8 Oberteile zusammennähen
Versäubere die Armausschnittkanten und Schnittkanten der Seitennähte. Schlage die gesamte Strecke 1 cm nach innen und nähe sie an der äußeren Kante fest. Lege die Seitennähte der Oberteile aufeinander und steppe sie ab Armausschnittmarkierung knappkantig zusammen.

9 Taillenbund an das Oberteil nähen
Markiere dir an der Unterkante des Oberteils die vordere und hintere Mitte. Lege das Oberteil rechts auf rechts an die obere Schnittkante des Taillenbundes. Befestige die vordere und hintere Mitte sowie die Seitennähte von Oberteil und Taillenbund mit Stecknadeln, schließe die Naht im gedehnten Zustand und versäubere sie.

Fertig ist dein neues Hingucker-Teil!

Schicker Jumpsuit

MIT SPAGHETTITRÄGERN UND HOSENTASCHEN

Dieser Overall ist ein wahrer Klassiker und passt je nach Stoff zu beinahe jeder Gelegenheit: mit einem sommerlichen Print für die Freizeit, in Dunkelblau fürs Büro, aus Baumwoll-Jersey oder leichter Sweat-Ware für zu Hause ...

MATERIAL

Dunkelblauer Stoff (59 % Viskose, 38 % Mikrofaser, 3 % Elasthan), 250 cm (125 cm breit)
Schwarzes Gummiband, 3 mm breit, 1 m lang
Passendes Nähgarn
Nähgrundausstattung

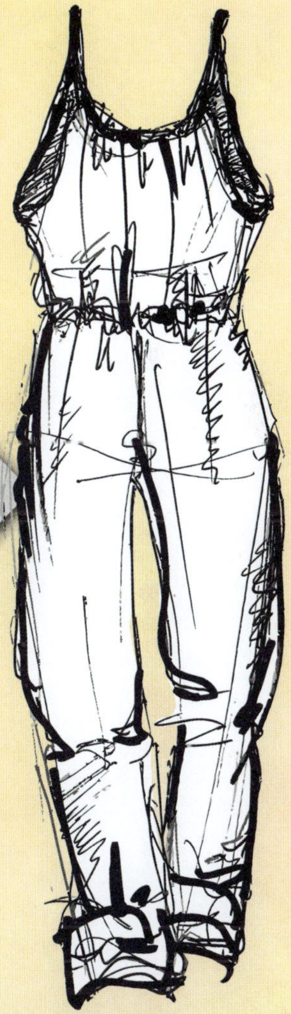

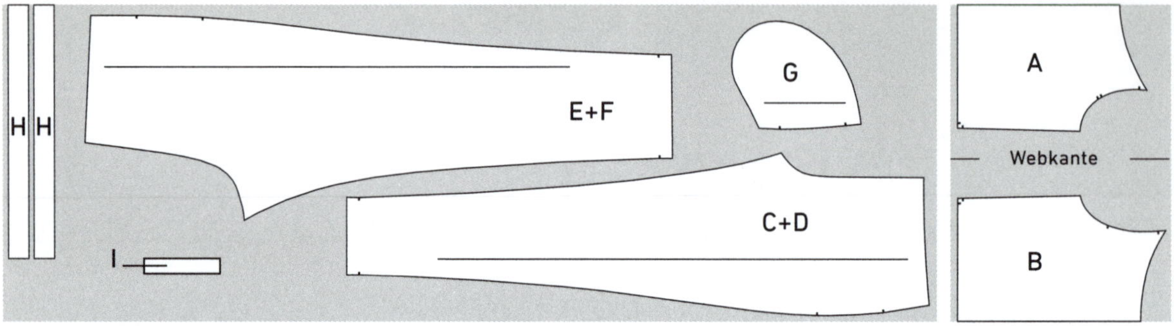

ZUSCHNEIDEN

Schnittbogen 5 Blau (Variante 1)
Größe 34/36 – 38/40 – 42/44
Schnittteile:
A Vorderteil
B Rückenteil
C+D Vorderhose (2 ×)
E+F Hinterhose (2 ×)
G Taschenbeutel (2 ×)

Die Schnittteile gemäß Lageplan mit 1 cm Nahtzugabe zuschneiden. Am Hosensaum 2 cm Nahtzugabe zugeben.

Außerdem nachfolgende Schnittteile zuschneiden (hier ist die Nahtzugabe bereits enthalten):
H **Träger:** 100 cm lang, 4 cm breit (2 ×)
I **Tascheneingriffbeleg:** 15 cm lang, 3 cm breit (2 ×)

NÄHEN

1 Seitennahttaschen nähen
Nimm die Vorderhosen (2), Taschenbeutel (2) und Tascheneingriffbelege (2) zur Hand. Beide Vorderhosenteile liegen mit der rechten Seite nach oben. Lege die Tascheneingriffbelege rechts auf rechts an die für den Tascheneingriff markierten Schnittkanten. Nähe von Knips zu Knips exakt parallel zur Schnittkante bei 1 cm Nahtbreite. Nahtanfang und Nahtende werden verriegelt (siehe S. 78, Schritt 1). Schneide von der Schnittkante am Nahtanfang und am Nahtende im Winkel von 90 Grad bis kurz vor der genähten Naht ein. Bügele die Nähte auseinander und schlage dann den Beleg nach links. Die genähte Naht liegt jetzt im Bruch. Nochmals bügeln. Nach dem Bügeln steppst du den Tascheneingriff bei 1 cm Nahtbreite. Lege die vorher versäuberten Taschenbeutel (rechte Seite oben) unter den Tascheneingriff und beachte dabei die markierten Punkte. Stecke von links die Taschenbeutel auf die vorderen Hosenteile und steppe knappkantig von der äußeren Schnittkante die Taschenbeutel auf die beiden Vorderhosen.

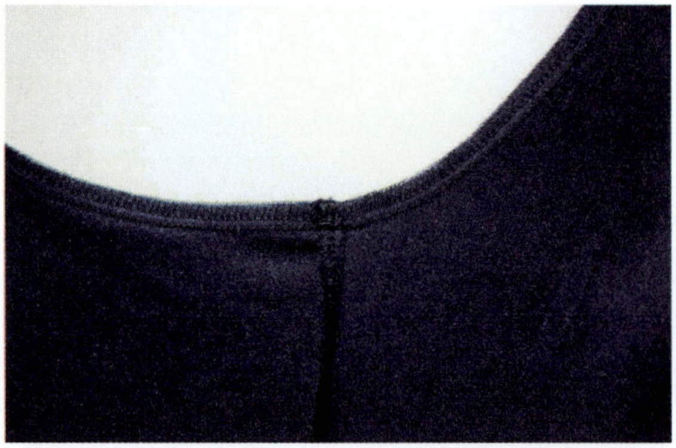

2 Vorder- und Hinterhose zusammennähen
Schließe die Seitennähte der Hose rechts auf rechts, dann die inneren Beinnähte. Anschließend alle Nähte versäubern. Die Nähte bügelst du in die Hinterhose. Danach schließt du die Schrittnaht. Die beiden inneren Hosenbeinnähte müssen exakt aufeinanderpassen. Fixiere diese Stelle mit einer Stecknadel. Versäubere jetzt deine Schrittnaht.

3 Hosensaum
Für den Hosensaum schlägst du die Schnittkante jeweils 1 cm und dann nochmals 1 cm nach innen und steppst die Bruchkante knappkantig fest.

4 Vorder- und Rückenteil schließen
Lege die beiden Oberteile rechts auf rechts und schließe die Seitennähte. Versäubere sie an den Schnittkanten und bügele sie in das Rückenteil.

5 Armausschnitte säumen
Versäubere die Armlöcher, schlage die Kanten 7 mm nach links um und steppe sie knappkantig an der versäuberten Kante fest.

6 Halsausschnitt versäubern
Versäubere den vorderen und den hinteren Ausschnitt und bügele ihn danach 1,5 cm breit nach links um. Da die umgebügelte Strecke kürzer ist als das Vorderteil, musst du sie dehnen, was bei Jerseystoffen aber sehr gut funktioniert. Steppe die umgebügelte Nahtzugabe am äußeren Ende der Versäuberung auf das Vorder- und Rückenteil, sodass ein Tunnel entsteht.

7 Träger nähen
Lege die Träger längs rechts auf rechts in den Bruch und nähe die Längskanten bei 7 mm Nahtbreite in stark gedehntem Zustand zusammen. Wende die Bänder mithilfe einer kleinen Sicherheitsnadel auf rechts und ziehe die Träger jeweils durch die Tunnel an Vorder- und Rückenteil, verknote die Enden und dann die Träger miteinander.

8 Oberteil und Hose zusammennähen
Markiere am Oberteil die vordere und hintere Mitte. Lege Hose und Oberteil rechts auf rechts aufeinander. Seitennähte und vordere und hintere Mitte müssen exakt aufeinanderliegen. Fixiere diese Punkte mit Stecknadeln und schließe die Teilungsnaht im gedehnten Zustand. Versäubere danach die Schnittkanten.

9 Gummizug
Lege die Enden des Gummibands 1 cm übereinander und nähe sie zusammen. Teile die Strecke durch vier und markiere die Punkte mit Stecknadeln. Befestige das Band mit den markierten Stellen an der Teilungsnaht zwischen Oberteil und Hose: Je zwei Stecknadeln an den Seitennähten und je eine an der vorderen und hinteren Mitte. Nähe das Gummiband mittig im gedehnten Zustand auf die Nahtzugabe der Teilungsnaht. Achte darauf, nur das Gummiband zu dehnen!

Der Jumpsuit ist fertig –
den hast du dir selbst genäht, toll!

TIPP

Bügele für einen akkuraten Hosensaum die Schnittkante 1 cm breit auf die linke Seite. Bereite dir eine Schablone aus festem Papier vor, die 1 cm breit und etwa so lang wie die Hosensaumweite ist. Lege sie unter den eingebügelten Saum bis zur Bruchkante, schlage ihn mit der Schablone noch einmal nach links und fixiere den Umschlag durch Bügeln.

Kurzer Overall

MIT HALSAUSSCHNITTBELEGEN

Hip, hipper, am hipsten: Ein Must-have für jeden Kleiderschrank und schnell genäht ist dieser Einteiler mit kurzen Hosen. Luftig leicht und farbenfroh in den Sommer! Also – worauf wartest du noch? Lass dein Maschinchen rattern!

MATERIAL

Bunter Stoff (100 % Viskose), 150 cm (135 cm breit)
Weißes Gummiband, 3 mm breit, 1 m lang
Passendes Nähgarn
Nähgrundausstattung

← Die Anleitung für den »großen Bruder« dieses Overalls findest du auf Seite 12 f.

ZUSCHNEIDEN

Schnittbogen 5 Blau (Variante 2)
Größe 34/36 – 38/40 – 42/44
Schnittteile:
A Vorderteil
A Vorderer Ausschnittbeleg
B Rückenteil
B Hinterer Ausschnittbeleg
C Vorderhose (2 ×)
E Hinterhose (2 ×)
G Taschenbeutel (4 ×)

Die Schnittteile gemäß Lageplan mit 1 cm Nahtzugabe zuschneiden. Am Hosensaum 5 cm Nahtzugabe zugeben.

Bitte beachten: Den vorderen und hinteren Ausschnittbeleg jeweils aus dem Vorder- bzw. Rückenteil kopieren. Die Schere markiert den Bereich der nochmals als Beleg benötigt wird.

Außerdem nachfolgende Schnittteile zuschneiden (hier ist die Nahtzugabe bereits enthalten):
H **Träger:** 120 cm lang, 4 cm breit (2 ×)
I **Armloch-Schrägstreifen:** Länge wie Armausschnittkante, 4 cm breit (2 ×, schräg zum Fadenlauf zuschneiden)

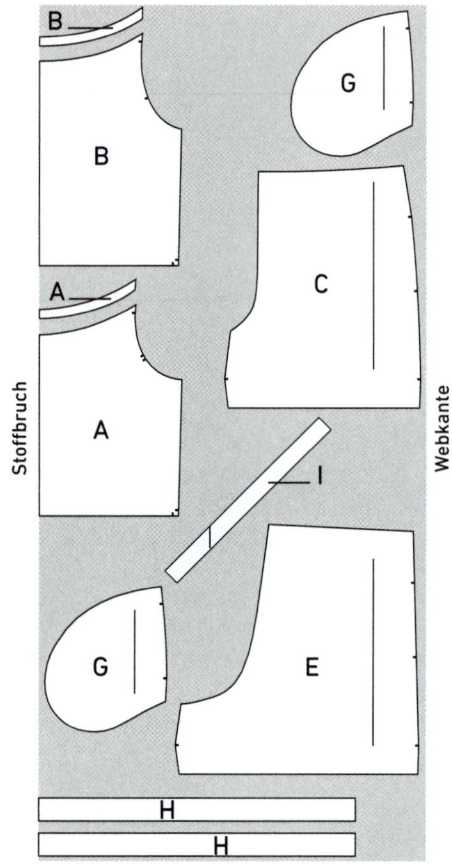

NÄHEN

1 Seitennahttaschen nähen

Lege beide Vorderhosenteile mit der rechten Seite nach oben. Lege je einen Taschenbeutel rechts auf rechts an die für den Tascheneingriff markierten Schnittkanten. Nähe von Knips zu Knips exakt parallel zur Schnittkante bei 1 cm Nahtbreite. Nahtanfang und Nahtende werden verriegelt. Schneide von der Schnittkante am Nahtanfang und am Nahtende im Winkel von 90 Grad bis kurz vor der genähten Naht ein. Bügele die Nähte auseinander und schlage dann den Taschenbeutel nach links, sodass die genähte Naht jetzt im Bruch liegt. Nochmals bügeln. Nach dem Bügeln den Tascheneingriff bei 1 cm Nahtbreite steppen. Lege dafür auf je einen Taschenbeutel deckungsgleich rechts auf rechts den anderen Taschenbeutel auf, stecke sie mit ein paar Stecknadeln fest und schließe den Taschenbeutel. Die Taschenbeutel an den Schnittkanten versäubern.

2 Vorder- und Hinterhose zusammennähen
Schließe die Seitennähte der Hose rechts auf rechts und anschließend die inneren Beinnähte. Versäubere alle Nähte und bügele sie in die Hinterhose. Danach schließt du die Schrittnaht. Die beiden inneren Hosenbeinnähte müssen exakt aufeinander passen. Fixiere diese Stelle mit einer Stecknadel. Versäubere zum Abschluss die Schrittnaht.

3 Hosensäume
Bügele den Hosensaum zuerst 1 cm breit, dann nochmals 4 cm breit nach links um (nimm eventuell eine Schablone zu Hilfe, siehe Tipp S. 15, hier 4 cm breit). Steppe den Saum entlang der Umschlagkante knappkantig fest. Schlage den Saum nun nach rechts um, sodass er außen liegt, und bügele das Saumende scharf ein. Am oberen Ende des Umschlags verriegelst du jetzt die innere und äußere Beinnaht und zum besseren Halt des Umschlags (bedingt durch die Leichtigkeit des Stoffs) jeweils vorn und hinten zusätzlich zweimal im gleichen Abstand über die Nahtstrecke.

4 Vorder- und Rückenteil schließen
Lege die beiden Oberteile rechts auf rechts und schließe die Seitennähte. Versäubere die Nähte an den Schnittkanten und bügele sie anschließend in das Rückenteil.

5 Armausschnitte einfassen
Bügele die Armloch-Schrägstreifen längs zur Hälfte links auf links in den Bruch. Achte darauf, dass du sie dabei nicht ausleierst, da sie im schrägen Fadenlauf zugeschnitten sind. Lege sie zur Kontrolle noch einmal auf dein Papierschnittteil. So siehst du, ob du korrekt gearbeitet hast. Stecke die Armloch-Schrägstreifen mit der Schnittkante rechts auf rechts auf die Armlochschnittkante des Oberteils (fünf Stecknadeln sind ausreichend) und nähe die Lagen bei 7 mm Nahtbreite zusammen. Setze in die Nahtzugabe kleine Schnitte, und zwar von der Seitennaht beginnend nach rechts und nach links (je 8 cm) in einem Abstand von 2 cm. Bügele den Bruch des Armloch-Schrägstreifens in Richtung der Armlochschnittkante. Schlage den Armloch-Schrägstreifen nach links und bügele genau an der Nahtbruchkante den Streifen auf die linke Seite. Steppe den Streifen an der Bruchkante knappkantig auf.

6 Halsausschnitt mit Belegen
Lege den vorderen und hinteren Ausschnittbeleg rechts auf rechts auf den vorderen und hinteren Ausschnitt des Oberteils. Achte beim Zusammensteppen darauf, dass die Nahtzugabe der Belege rechts und links am Ende 1 cm übersteht. Schlage die Belege nach links um und bügele die Nahtbruchkanten ein. Lege die überstehende Nahtzugabe zwischen Beleg und Oberstoff und bügele sie ebenfalls ein. Achte darauf, dass ein gleichmäßiger Abstand zur oberen Ausschnittkante entsteht. Steppe die Belege knappkantig fest.

7 Nähe nun die Träger sowie Ober- und Unterteil zusammen wie für den langen Overall in Schritt 7–9 (siehe S. 15) beschrieben.

Fertig, fertig, fertig! Ist das nicht ein tolles Gefühl?

Jerseykleid

IN DREI VARIANTEN

Ein Grundschnitt, drei Kleider, und jedes hat dank der unterschiedlichen Ärmel seinen ganz eigenen Charme. Sehr kleidsam und absolut komfortabel!

MATERIAL

Ärmelloses Kleid
Blauer Stoff (99 % Viskose, 1 % Elasthan), 120 cm (140 cm breit)
Bunter Streifenstoff für die Einfassstreifen (90 % Polyester, 10 % Polyamid), 15 cm (140 cm breit)
Passendes Nähgarn
Nähgrundausstattung

Hinweis: Dieser Schnitt ist nur für Wirkware geeignet.

Kleid mit kurzen Ärmeln
Roter Stoff (92 % Viskose, 8 % Elasthan), 140 cm (140 cm breit)
Rot-weiß gestreifter Jersey für die Einfassstreifen (90 % Polyester, 10 % Polyamid), 15 cm (140 cm breit)
Passendes Nähgarn
Nähgrundausstattung

Kleid mit Dreiviertelarm
Pinkfarbener Stoff (92 % Viskose, 8 % Elasthan), 160 cm (140 cm breit)
Passendes Nähgarn
Nähgrundausstattung

ZUSCHNEIDEN

Schnittbogen 3 Blau
Größe 36 – 38 – 40 – 42
Schnittteile:
A Vorderteil
B Rückenteil
C Vorderrock
D Hinterrock
E Taillenbund (2 ×)
F Taschenbeutel (2 ×)
G Ärmel (2 ×, für Variante 2 und 3)

Ärmelloses Kleid (Variante 1)

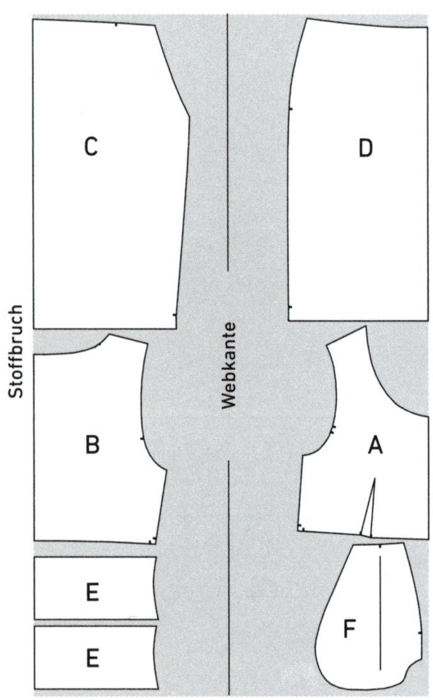

Kleid mit kurzen Ärmeln (Variante 2)

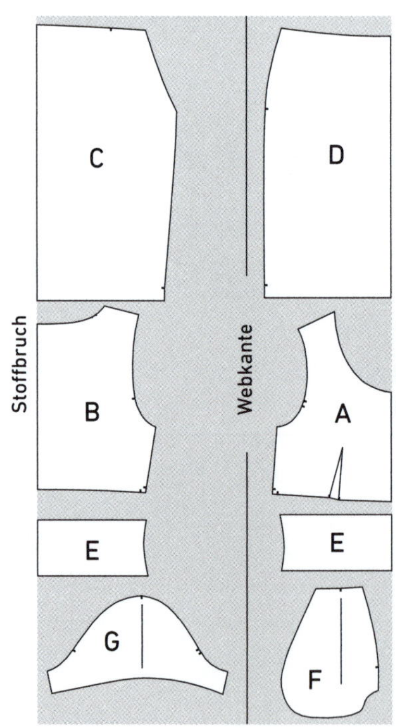

Kleid mit Dreiviertelarm (Variante 3)

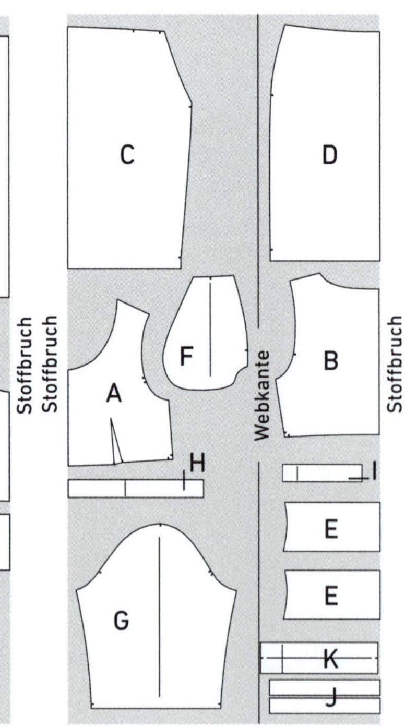

Die Schnittteile gemäß Lageplan mit 1 cm Nahtzugabe zuschneiden. Am Saum von Vorderrock und Hinterrock 3 cm zugeben.

Bitte beachten: Die Schnittkanten, die eingefasst werden, d. h. bei allen drei Varianten die Halsausschnittkante und die Tascheneingriffe im Vorderrock, ohne Nahtzugabe zuschneiden! Zusätzlich beim ärmellosen Kleid die Armausschnittkanten und beim Kurzarmkleid die Ärmelsaumkanten ohne Nahtzugabe zuschneiden (werden eingefasst).

Außerdem nachfolgende Schnittteile zuschneiden (hier ist die Nahtzugabe bereits enthalten):
H **Einfassstreifen für Halsausschnittkante:** Länge = 4 cm kürzer als die Halsausschnittkante, 3,5 cm breit (Variante 2 und 3). Für Variante 1 Länge wie Halsausschnittkante (da Stoff nicht dehnbar).
I **Einfassstreifen für Tascheneingriff:** Länge wie Tascheneingriffkante am Vorderrock, 3,5 cm breit (2 ×, alle Varianten)
J **Einfassstreifen für Taschenbeutelrundung:** Länge wie Taschenbeutelrundung, 3,5 cm breit (2 ×, alle Varianten)
Einfassstreifen für Armausschnittkanten: Länge wie Armausschnittkante, 3,5 cm breit (2 ×, Variante 1)
Einfassstreifen für Ärmelsaumkanten: Länge wie Ärmelsaumkante, 3,5 cm breit (2 ×, Variante 2)
K **Ärmelbund:** Länge = 3 cm kürzer als die Ärmelsaumkante, 8 cm breit (2 ×, Variante 3)

NÄHEN

1 Taschen nähen
Nehme den Vorderrock, die Einfassstreifen für den Tascheneingriff (2 ×) und für die Taschenbeutelrundung (2 ×) sowie die Taschenbeutel (2 ×) zur Hand. Lege die Einfassstreifen rechts auf rechts auf die Tascheneingriffe im Vorderrock und nähe sie bei 5 mm Nahtbreite zusammen.

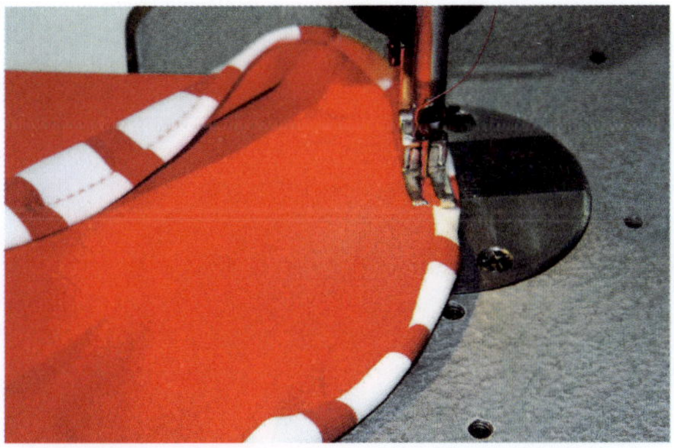

2 Schlage den Einfassstreifen an der Naht in Richtung der Schnittkanten um und bügele diese Strecke. Lege den Einfassstreifen um die Naht herum auf die linke Stoffseite und bügele nochmals. Achte darauf, dass die Nahtzugabe den Einfass gleichmäßig ausfüllt. Nähe den Einfassstreifen im Nahtschatten fest.

3 Schneide die Nahtzugabe bis auf 5 mm weg. Fasse jetzt die gerundete Taschenbeutelkante mit dem Einfassstreifen ein. Hierfür wird der Streifen rechts auf links auf den Taschenbeutel gelegt und genäht, denn der geschnittene Einfass soll im Teil liegen. Ansonsten genauso verfahren wie in Schritt 1 und 2 beschrieben. Lege die Taschenbeutel rechts auf links an den markierten Stellen unter den Vorderrock und stecke sie fest. Die Taschenbeutel werden an der äußeren Bruchkante knappkantig auf den Vorderrock gesteppt. Anschließend nochmals füßchenbreit daneben steppen und die Taschenbeutel bügeln.

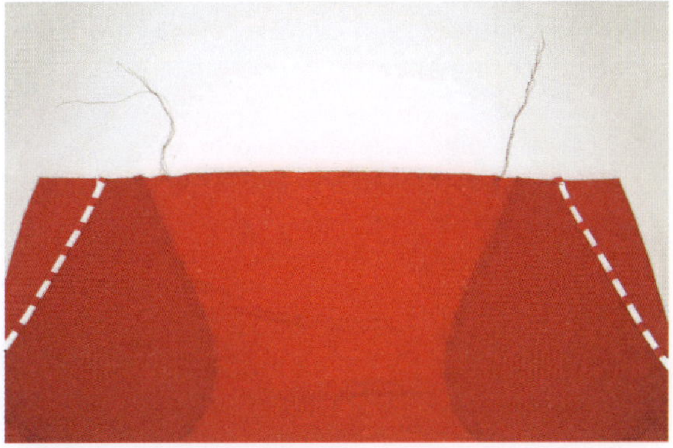

4 Vorderrock einkräuseln
Nähe an der oberen Schnittkante des Vorderrocks, von Knips zu Knips, zwei Nähte zum

Einkräuseln: die erste Naht füßchenbreit von der oberen Schnittkante, die zweite Naht füßchenbreit unterhalb der ersten. Wähle für beide Nähte eine größere Stichlänge. Verknote am Nahtanfang beide Nähfäden miteinander.

5 Ziehe am Nahtende die beiden Unterfäden gleichmäßig auf die Weite des Vorderteils zusammen, sodass kleine Kräuselfältchen entstehen. Verknote auch diese Nähfäden.

6 Rockteile zusammennähen
Lege Vorder- und Hinterrock rechts auf rechts und schließe die Seitennähte. Versäubere die Nahtzugaben und bügele sie in den Hinterrock. Markiere dir am Vorder- und Hinterrock die vordere und hintere Mitte.

7 Versäubere die Saumschnittkante. Bügele dann den Saum 3 cm nach links um und steppe ihn entlang der versäuberten Schnittkante knappkantig in leicht gedehntem Zustand fest. Danach nochmals bügeln.

8 Taillenbund
Lege die Schnittteile rechts auf rechts, schließe die Seitennähte und versäubere die Nahtzugaben. Bügele die Nahtzugaben in den hinteren Taillenbund. Markiere dir am Bund, jeweils oben und unten, die vordere und hintere Mitte.

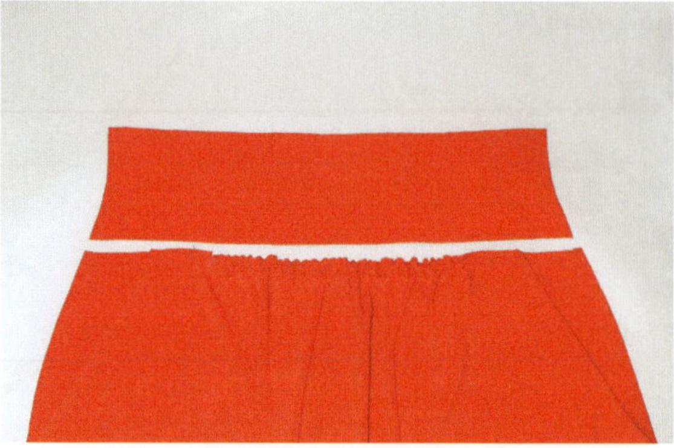

9 Lege den Taillenbund rechts auf rechts auf die oberen Schnittkanten des Rocks (vorderer Taillenbund auf Vorderrock und hinterer Taillenbund auf Hinterrock) – die Seitennähte und die markierten vorderen und hinteren Mitten müssen exakt aufeinander treffen –, und fixiere die Lagen mit Stecknadeln. Nähe den Bund und den Rock im gedehnten Zustand zusammen. Ziehe vorsichtig die Fäden der Kräuselung aus dem Vorderrock heraus. Jetzt versäubere die Naht, ebenfalls im gedehnten Zustand.

10 Oberteile
Nimm die beiden Oberteile und den Einfassstreifen für den Halsausschnitt zur Hand. Nähe die Abnäher im Vorderteil wie markiert rechts auf rechts und bügele sie zur vorderen Mitte. Schließe die Schulter- und Seitennähte im Oberteil rechts auf rechts bei 1 cm Nahtbreite. Versäubere die Nahtzugaben und bügele sie in das Rückenteil. Nähe den Einfassstreifen rechts auf rechts zum Kreis bei 1 cm Nahtbreite zusammen und bügele die Nahtzugabe auseinander. Lege den Einfassstreifen rechts auf rechts an die Halsausschnittkante, sodass die Naht deckungsgleich auf einer der beiden Schulternähte liegt, und befestige ihn mit ein paar Stecknadeln. Nähe die Strecke bei 5 mm Nahtbreite. Lege nun den Einfassstreifen um die Nahtzugabe herum auf die linke Seite. Achte darauf, dass die Nahtzugabe (5 mm) im gleichmäßigen Abstand den Einfass

ausfüllt. Hefte den Streifen einmal ringsum im Nahtschatten fest. Steppe jetzt im Nahtschatten die vorgeheftete Strecke fest. Schneide die überflüssige Nahtzugabe bis auf 5 mm weg. Markiere dir im Oberteil die vordere und hintere Mitte.

11 Oberteil und Rock zusammennähen
Lege das Vorderteil rechts auf rechts an das obere Bundteil des Rocks. Befestige vordere und hintere Mitte von Oberteil und Rockbund mit Stecknadeln sowie die Seitennähte von Bund und Oberteil. Schließe die Naht im gedehnten Zustand und versäubere sie.

12 Das ärmellose Kleid fertigstellen
Nimm die Einfassstreifen für die Armausschnitte zur Hand. Nähe die Einfassstreifen jeweils rechts auf rechts zum Kreis bei 1 cm Nahtbreite zusammen und bügele die Nahtzugabe auseinander. Die Einfassstreifen legst du nun rechts auf rechts an die Armausschnittkanten, befestigst sie mit ein paar Stecknadeln und nähst die Strecke bei 5 mm Nahtbreite (die Nahtzugaben liegen deckungsgleich auf den Seitennähten). Lege nun die Einfassstreifen um die Nahtzugabe herum auf die linke Seite. Achte darauf, dass die Nahtzugabe (5 mm) im gleichmäßigen Abstand den Einfass ausfüllt. Hefte die Streifen einmal ringsum im Nahtschatten fest. Nähe anschließend im Nahtschatten die vorgehefteten Strecken fest. Schneide die überflüssige Nahtzugabe bis auf 5 mm weg.

13 Das Kleid mit kurzen Ärmeln fertigstellen
Schließe rechts auf rechts die Ärmelnähte und versäubere sie. Bügele die Nahtzugabe nach hinten. Nähe den Einfassstreifen für die Ärmelsaumkante rechts auf rechts zum Kreis bei 1 cm Nahtbreite zusammen und bügele die Nahtzugabe auseinander. Den Einfassstreifen legst du rechts auf rechts an die Ärmelsaumkante, befestigst ihn mit ein paar Stecknadeln und nähst die Strecke bei 5 mm Nahtbreite. Lege nun den Einfassstreifen um die Nahtzugabe herum auf die linke Seite. Achte darauf, dass die Nahtzugabe (5 mm) im gleichmäßigen Abstand den Einfass ausfüllt. Hefte den Streifen einmal ringsum im Nahtschatten fest. Nähe jetzt im Nahtschatten die vorgeheftete Strecke fest. Schneide die überflüssige Nahtzugabe bis auf 5 mm weg. Achte auf rechten und linken Ärmel beim Einsetzen in das Armloch! Die Ärmelnaht liegt rechts auf rechts an der Seitennaht. Stecke vertikal mit Stecknadeln Ärmel und Armloch fest, schließe bei 1 cm Nahtbreite die Naht leicht gedehnt und versäubere sie.

14 Das Kleid mit Dreiviertelarm fertigstellen
Schließe rechts auf rechts die Ärmelnähte und versäubere sie. Bügele die Nahtzugabe nach hinten. Lege das Ärmelbündchen rechts auf rechts und schließe die Naht bei 1 cm Nahtbreite. Bügele die Nahtzugabe auseinander. Lege den Ärmelbund links auf links auf Bruch und nähe die Schnittkanten einmal im Kreis bei 5 mm Nahtbreite gedehnt zusammen. Lege die Bündchennaht an der Schnittkante rechts auf rechts auf die Ärmelnaht und schließe Ärmel und Bund im gedehnten Zustand. Versäubere die Nahtzugabe ebenfalls gedehnt. Achte auf rechten und linken Ärmel beim Einsetzen in das Armloch. Die Ärmelnaht liegt rechts auf rechts an der Seitennaht. Stecke vertikal mit Stecknadeln Ärmel und Armloch fest und schließe bei 1 cm Nahtbreite die Naht leicht gedehnt und versäubere sie.

Du hast dir ein wunderschönes Kleid selbst genäht!

Top mit Passe

EDEL UND SCHICK

Vielseitig tragbar ist dieses weich fließende Top – edel und lässig mit Jeans, fürs Büro mit schwingendem Rock und abends elegant zum Hosenanzug.

MATERIAL

Cremefarbener Viskose-Jersey (94 % Viskose, 6 % Elasthan), 60 cm (140 cm breit)
Netzstoff für Passe (96 % Viskose, 4 % Elasthan), 25 cm (140 cm breit)
Rest cremefarbener Taft für die Teilungsnaht im Vorder- und Rückenteil, 5 cm (140 cm breit)
Alternativ dazu: Weißes Zierband, 1 cm breit, 1 m lang
Passendes Nähgarn
Nähgrundausstattung

Hinweis: Dieser Schnitt ist nur für Wirkware geeignet.

ZUSCHNEIDEN

Schnittbogen 3 Rot
Größe 36 – 38 – 40 – 42
Schnittteile
A Vorderteil
A Vordere Passe
B Rückenteil
B Hintere Passe

Die Schnittteile gemäß Lageplan mit 1 cm Nahtzugabe zuschneiden (grau gekennzeichnete Teile nur in einfacher Stofflage). Die Schnittkanten, die eingefasst werden, d.h. Hals- und Armausschnittkanten, ohne Nahtzugabe zuschneiden. An der Saumkante 2 cm zugeben.

Bitte beachten: Die vordere Passe aus dem Vorderteil und die hintere Passe aus dem Rückenteil schneiden.

Aus Netzstoff

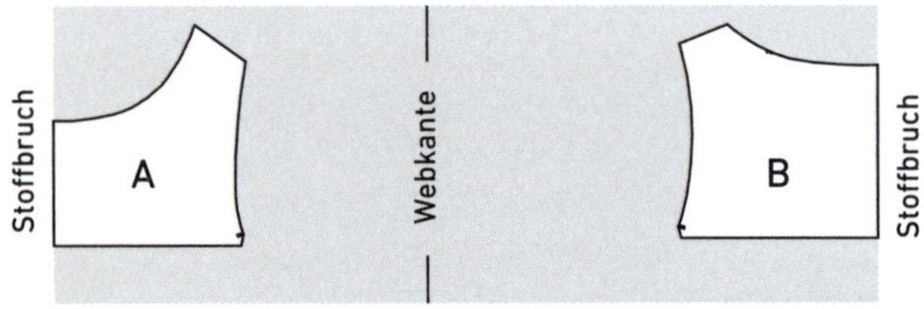

Außerdem nachfolgende Schnittteile zuschneiden (hier ist die Nahtzugabe bereits enthalten):
C **Einfassstreifen für Halsausschnittkante:** Länge = 4 cm kürzer als die Halsausschnittkante, 3,5 cm breit
D **Einfassstreifen für Armausschnittkanten:** Länge = 2 cm kürzer als die Armausschnittkante, 3,5 cm breit (2 ×)
Einfassstreifen für Teilungsnaht im Vorder- und Rückenteil aus dem Taft: Länge = 1 cm länger als die Teilungsnaht, 3,5 cm breit (2 ×)
Alternativ Zierband: 1 cm länger als die Teilungsnaht (2 ×)

Aus Viskose-Jersey

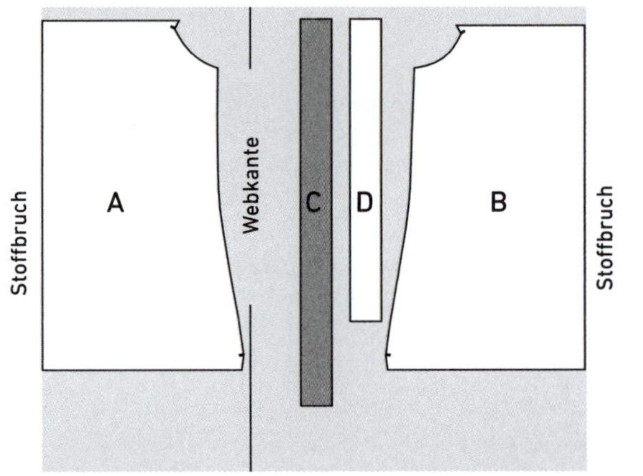

NÄHEN

1 Teilungsnähte mit Einfassstreifen

Bügele die Einfassstreifen für die Teilungsnähte zur Hälfte links auf links in den Bruch. Lege die vordere und hintere Passe jeweils links auf links auf das Vorder- bzw. Rückenteil und schließe die Teilungsnähte bei 1 cm Nahtbreite. Dann lege zusätzlich die Taftstreifen rechts auf rechts auf die vordere und hintere Passe. Du hast jetzt drei Stofflagen. Nähe sie zusammen, dabei musst du die Naht leicht dehnen. Schneide die Nahtzugabe auf 5 mm zurück. Schlage den Taftstreifen und die Nahtzugabe nach unten und steppe den Taftstreifen an der Bruchkante knappkantig auf das Vorder- bzw. Rückenteil. Bügele anschließend die Teilungsnähte nochmals.

2 Teilungsnähte mit Zierband
Wenn du alternativ ein Zierband verwenden möchtest, dann schließe die Teilungsnähte wie links beschrieben, schneide die Nahtzugaben auf 7 mm zurück und bügele sie in das Vorder- bzw. Rückenteil. Lege das Zierband mittig auf die Nahtzugabe und steppe es beidseitig knappkantig auf, dabei die Teilungsnaht leicht dehnen.

3 Vorder- und Rückenteil zusammennähen
Lege das Vorder- und Rückenteil rechts auf rechts und schließe bei 1 cm Nahtbreite die Schulter- und Seitennähte. Versäubere die Nahtzugaben und bügele sie in das Rückenteil.

4 Ausschnitte einfassen
Nimm die Einfassstreifen (2 × für Armausschnitt und 1 × für Halsausschnitt), lege sie jeweils rechts auf rechts und schließe sie zum Kreis. Bügele die Nahtzugaben auseinander. Für die beiden Armlöcher legst du je einen Streifen rechts auf rechts an die Schnittkante des Armausschnitts. Mit ein paar Stecknadeln steckst du dir die Strecke fest. Die Naht des Einfassstreifens liegt deckungsgleich auf den Seitennähten. Das Gleiche machst du mit dem Einfassstreifen für den Halsausschnitt. Ob du die Naht des Einfassstreifens rechts oder links der Schulternaht positionierst, ist egal.

TIPP

Drehe das Top auf die linke Seite und du kannst wunderbar auf der rechten Seite im Kreis nähen.

5 Jetzt nähe bei 5 mm Nahtbreite einmal um die Strecken herum, immer im gleichen Abstand. Lege nun die Einfassstreifen um die Nahtzugabe herum auf die linke Seite und hefte sie vor dem Nähen eventuell fest. Achte darauf, dass die Nahtzugabe (5 mm) im gleichmäßigen Abstand den Einfass ausfüllt. Nähe im Nahtschatten die vorgehefteten Strecken fest. Beachte dabei meinen Tipp. Jetzt musst du nur noch die überflüssigen Nahtzugaben bei 4 mm wegschneiden.

6 Saum
Versäubere die Saumschnittkante. Bügele den Saum 2 cm breit nach links um. Nähe im gedehnten Zustand an der versäuberten Saumkante knappkantig entlang. Bügele abschließend den Saum nochmals.

Wow, tolles Top!

Pünktchenrock

AUS FEINER SEIDE

Pünktchen sind wieder da! Auf dem Seidenstoff kommen sie besonders schön zur Geltung. Dieser Rock ist ein echtes Allroundtalent in Sachen Styling – und superschnell genäht ist er auch.

MATERIAL

Taupefarbener Stoff (100 % Seide),
100 cm (140 cm breit)
Jersey für den Taillenbund
(96 % Baumwolle, 4 % Elasthan),
25 cm (140 cm breit)
Passendes Nähgarn
Nähgrundausstattung

← Die Anleitung für das Top findest du auf Seite 30 f.

ZUSCHNEIDEN

Schnittbogen 1 Grün (Variante 2)
Größe 34/36 – 38/40 – 42/44
Schnittteile:
A Vorder- und Hinterrock (2 ×)
B Taillenbund (2 ×)

Die Schnittteile gemäß Lageplan mit 1 cm Nahtzugabe zuschneiden.

Aus Jersey

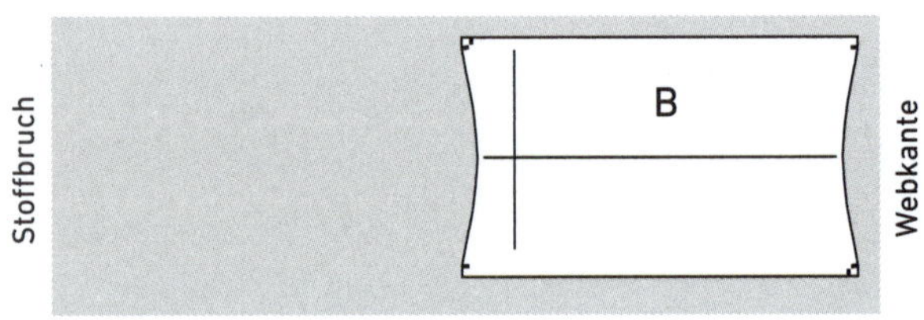

Aus Seidenstoff

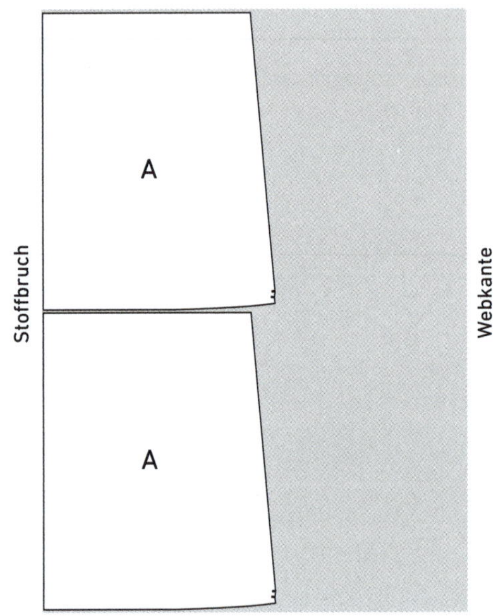

NÄHEN

1 Vorder- und Hinterrock zusammennähen
Lege die Rockteile rechts auf rechts und schließe die beiden Seitennähte bei 1 cm Nahtbreite. Versäubere die beiden Schnittkanten. Bügele die Nähte in den Hinterrock.

2 Rocksaum nähen
Versäubere jetzt die Saumkante des Rocks. Schlage die Kante anschließend 1 cm nach links ein und nähe den Umschlag entlang der versäuberten Kante fest.

3 Taillenbund vorbereiten
Der Taillenbund hat jeweils rechts und links an den Seiten eine Naht. Diese müssen beim Zusammennähen mit den Seitennähten des Rocks aufeinandertreffen. Lege den Bund rechts auf rechts und schließe die Seitennähte bei 1 cm Nahtbreite. Achte darauf, dass du den Jersey dehnbar nähst. Ansonsten kann die Naht unter Spannung reißen. Bügele die Nähte auseinander. Lege den entstandenen Schlauch zur Hälfte links auf links aufeinander, sodass die obere Bundkante im Bruch liegt. Stecke die Schnittkanten mit ein paar Stecknadeln aufeinander und nähe sie zusammen. Du musst hier sehr dehnbar nähen, damit im gedehnten Zustand die Weite des Rocks erreicht wird, mit dem das Bündchen anschließend zusammengenäht wird.

TIPP

Dank des Jerseybunds kannst du selbst entscheiden, in welcher Länge du den Rock tragen möchtest. Hüfttief getragen ist er länger. Schlägst du das Bündchen ein, ist er kürzer.

TIPP

Für eine saubere, zum Saumende parallele Naht merke dir anfangs den Abstand des Nähfüßchens und nähe. Bist du noch nicht so sicher, hefte den Saum um, bevor du nähst. Bist du geübter, kannst du eine professionellere Verarbeitung probieren und den Saum bei jeweils 5 mm Breite doppelt einschlagen. Gesteppt wird dann schmalkantig an der inneren Bruchkante.

4 Taillenbund annähen
Markiere die vordere und die hintere Mitte des Bündchens und des Rocks jeweils mit einer Stecknadel. Das Bündchen und der Rock haben damit vier Markierungspunkte. Das sind die beiden Seitennähte und die beiden Stecknadeln in der vorderen und hinteren Mitte. Stecke jetzt den Taillenbund rechts auf rechts an den entsprechenden Markierungspunkten mit der oberen Rockkante aufeinander. Nähe im gedehnten Zustand bei 1 cm Nahtbreite das Bündchen und den Rock zusammen. Versäubere deine Naht im gedehnten Zustand und bügele sie in den Rock.

Simpler Schnitt – tolles Ergebnis!

Schwingender Stufenrock

MIT STREIFENEINFASSUNG ALS EYECATCHER

*Dieser Rock macht einfach Lust auf Sommer,
denn er lässt sich in jeder Kombi zu jeder Gelegenheit tragen!*

MATERIAL

Cremefarbener Stoff (60 % Leinen, 30 % Viskose, 10 % Polyamid), 130 cm (150 cm breit)
Streifen-Jersey für den Taillenbund und die Einfassstreifen (95 % Viskose, 5 % Elasthan), 100 cm (145 cm breit)
Wirkfutter (100 % Polyamid), 30 cm (150 cm breit)
Passendes Nähgarn
Nähgrundausstattung

ZUSCHNEIDEN

Schnittbogen 1 Grün (Variante 1)
Größe 34/36 – 38/40 – 42/44
Schnittteile:
B Taillenbund (2 ×)

Den Taillenbund gemäß Lageplan mit 1 cm Nahtzugabe zuschneiden.

Außerdem nachfolgende Schnittteile zuschneiden (hier ist die Nahtzugabe bereits enthalten):
C **1. Stufe:** 61 cm (34/36), 65 cm (38/40), 69 cm (42/44) lang, 17 cm breit (2 ×)
D **2. Stufe:** 81 cm (34/36), 85 cm (38/40), 89 cm (42/44) lang, 21 cm breit (2 ×)
E **3. Stufe:** 96 cm (34/36), 100 cm (38/40), 104 cm (42/44) lang, 30 cm breit (2 ×)
F **1. und 2. Futterstufe:** jeweils 120 cm (34/36), 128 cm (38/40), 136 cm (42/44) lang, 11 cm breit (2 ×)
G **Einfassstreifen für 1. Stufe:** 61 cm (34/36), 65 cm (38/40), 69 cm (42/44), 3,5 cm breit (2 ×)
H **Einfassstreifen für 2. Stufe:** 81 cm (34/36), 85 cm (38/40), 89 cm (42/44), 3,5 cm breit (2 ×)
I **Einfassstreifen für 3. Stufe:** 96 cm (34/36), 100 cm (38/40), 104 cm (42/44), 3,5 cm breit (2 ×)

Aus Wirkfutter

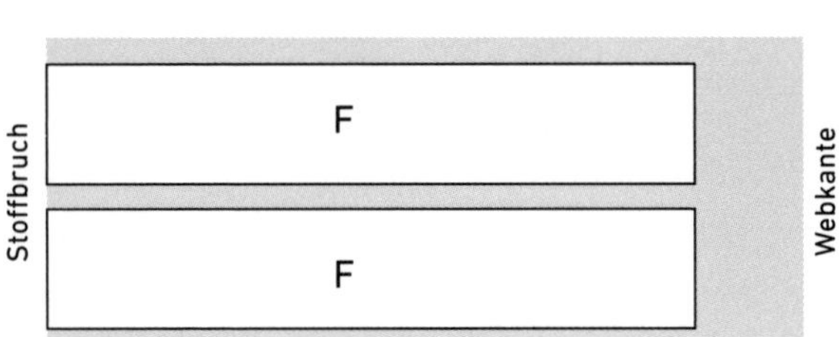

Aus cremefarbenem Stoff

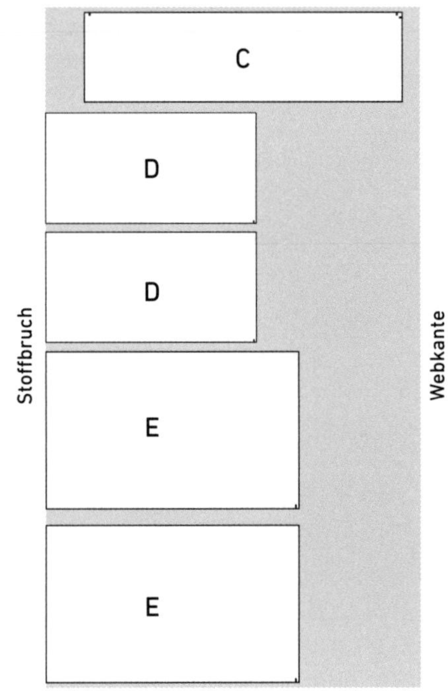

Aus Streifen-Jersey

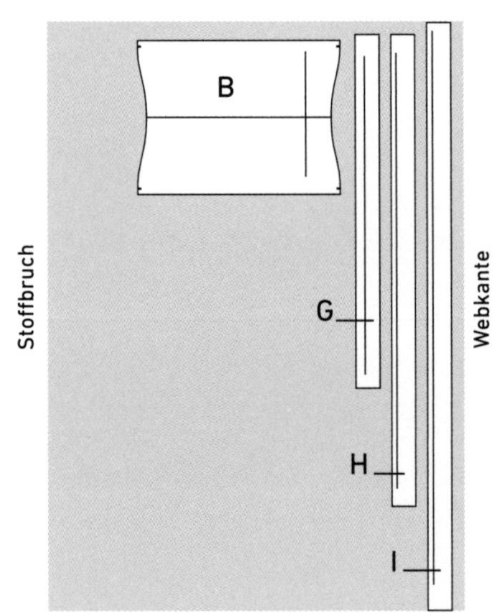

NÄHEN

1 Stoffstufen und Futterstufen vorbereiten
Beginne mit den Stoffstufen 1, 2 und 3. Lege die einzelnen Stufen jeweils rechts auf rechts aufeinander, schließe die Seitennähte bei 1 cm Nahtbreite und versäubere sie. Bügele die Nähte nach hinten. Verfahre genauso mit den Futterstufen.

2 Einfassstreifen annähen
Nähe die Einfassstreifen für die Stufen rechts auf rechts zum Kreis bei 1 cm Nahtbreite zusammen und bügele die Nahtzugaben auseinander. Lege die Streifen rechts auf rechts an die untere Kante der jeweiligen Stufe, befestige sie mit Stecknadeln und nähe die Strecken bei 5 mm Nahtbreite. Nähe unbedingt auf dem Stoff (liegt oben) und keinesfalls auf dem Jersey. Lege nun die Einfassstreifen um die Nahtzugabe herum auf die linke Seite. Die Nahtzugabe von 5 mm muss gut ausgefüllt sein. Hefte die Streifen ringsum im Nahtschatten fest. Nähe im Nahtschatten die vorgehefteten Strecken fest. Drehe dafür die Stufen auf die linke Seite, dann kannst du wunderbar auf der rechten Seite im Kreis nähen. Kürze die überschüssigen Nahtzugaben auf 4 mm.

3 Rockstufe 1 und Futterstufe 1 zusammennähen und die Rockstufen ankräuseln
Lege die Stufe 1 aus Stoff links auf rechts auf die Futterstufe 1 und nähe die oberen Schnittkanten zusammen. Zum Ankräuseln der Rockstufen nähe an den oberen Schnittkanten der Stufen zwei Nähte. Die erste Naht beginne füßchenbreit von der oberen Schnittkante, die zweite Naht füßchenbreit unterhalb der ersten Naht. Wähle für diese beiden Nähte eine größere Stichlänge. Verknote am Nahtanfang beide Nähfäden miteinander. Nimm am Nahtende die beiden Unterfäden und ziehe sie gleichmäßig zusammen, sodass kleine Kräuselfältchen entstehen, und zwar auf folgende Weiten: Stufe 1 (mit Futter) auf 100 cm (34/36), 108 cm (38/40), 116 cm (42/44), Stufe 2 und 3 auf 120 cm (34/36), 128 cm (38/40), 136 cm (42/44). Jetzt verknote auch diese Nähfäden.

4 Rockstufen zusammennähen
Lege Stufe 2 links auf rechts auf die zweite Futterstufe und nähe die oberen Schnittkanten zusammen. Lege die zweite Stufe (mit Futter) rechts auf rechts auf die untere Kante der ersten Futterstufe. Nähe die Schnittkanten bei 1 cm Nahtbreite zusammen, versäubere sie und bügele sie nach oben. Lege Stufe 3 rechts auf rechts auf die untere Kante der zweiten Futterstufe. Nähe die Schnittkanten bei 1 cm Nahtbreite zusammen, versäubere sie und bügele sie nach oben. Markiere dir an der oberen angekräuselten Kante der ersten Stufe die vordere und hintere Mitte.

5 Taillenbund vorbereiten
Die Seitennähte des Bunds müssen beim Zusammennähen mit den Seitennähten der ersten Rockstufe aufeinandertreffen. Lege den Bund rechts auf rechts und schließe die Seitennähte bei 1 cm Nahtbreite. Achte hierbei auf das Muster – die Streifen müssen aneinanderpassen – und darauf, dass du dehnbar nähst, sonst kann die Naht unter Spannung reißen. Bügele dann die Seitennähte auseinander. Lege den entstandenen Schlauch zur Hälfte links auf links aufeinander, sodass die obere Bundkante im Bruch liegt, stecke die Schnittkanten aufeinander und nähe sie zusammen. Du musst sehr dehnbar nähen, damit im gedehnten Zustand die Weite der ersten Rockstufe erreicht wird, mit der das Bündchen anschließend zusammengenäht wird.

6 Taillenbund annähern
Wie auf Seite 37 bei Schritt 4 vorgehen.

Na, schwingst du deinen Rock schon zur nächsten Grillparty?

FETTERIA · ALIMENTARI

Tanktop

IN DREI VARIANTEN

Ein Top – viele Möglichkeiten: cremefarben aus einem feinen hochwertigen Jersey, fliederfarben aus weichem Viskose-Jersey oder sommergrün aus Baumwollstrick. Als i-Tüpfelchen sind die Ausschnittkanten dekorativ mit schmalen Streifen eingefasst.

← Die Anleitung für die Shorts findest du auf Seite 48 f.

MATERIAL

Tanktop in Creme
Cremefarbener Jersey (94 % Viskose, 6 % Elasthan), 70 cm (140 cm breit)
Streifenstoff für die Einfassstreifen (90 % Polyester, 10 % Polyamid), 10 cm (145 cm breit)

Grünes Tanktop
Grüner Baumwollstrick (100 % Baumwolle), 70 cm (140 cm breit)
Streifenstoff für die Einfassstreifen (90 % Polyester, 10 % Polyamid), 15 cm (140 cm breit)

Fliederfarbenes Tanktop
Fliederfarbener Viskose-Jersey (92 % Viskose, 8 % Elasthan), 70 cm (140 cm breit)
Streifenstoff für die Einfassstreifen (90 % Polyester, 10 % Polyamid), 10 cm (145 cm breit)
Passendes Nähgarn
Nähgrundausstattung

Hinweis: Dieser Schnitt ist nur für Wirkware geeignet.

ZUSCHNEIDEN

Tanktop in Creme und in Grün (Variante 1)

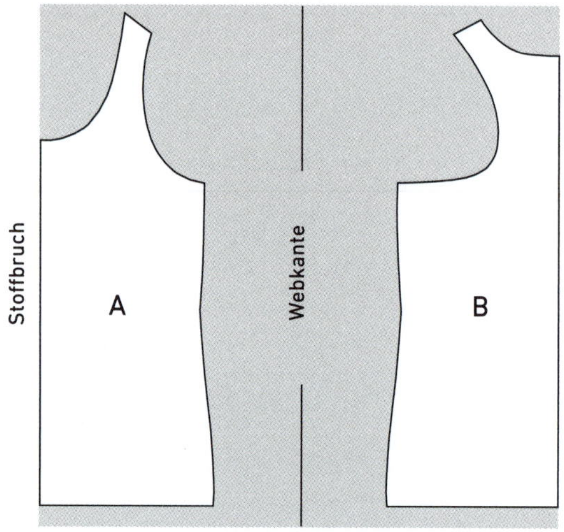

Fliederfarbenes Tanktop (Variante 2)

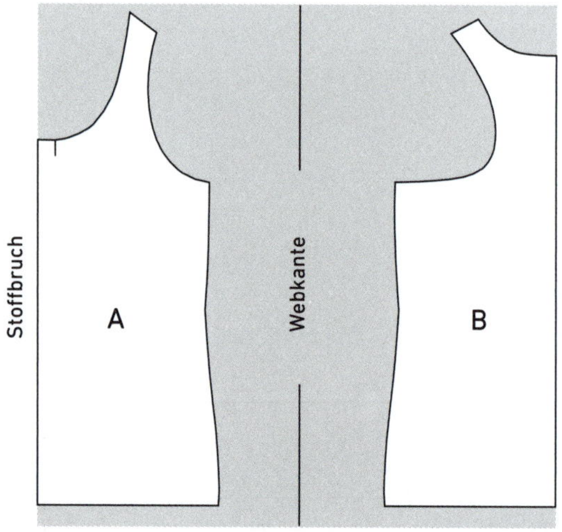

Schnittbogen 6 Rot
Größe 34/36 – 38/40 – 42/44
Schnittteile:
A Vorderteil
B Rückenteil

Die Schnittteile gemäß Lageplan mit 1 cm Nahtzugabe zuschneiden.

Bitte beachten: Die Schnittkanten, die eingefasst werden, d. h. bei allen drei Varianten die Hals- und Armausschnitte, ohne Nahtzugabe zuschneiden. Bei dem grünen Tanktop ebenfalls die Saumkante ohne Nahtzugabe zuschneiden. Bei dem cremefarbenen und dem fliederfarbenen Tanktop an der Saumkante 2 cm zugeben.

Außerdem nachfolgende Schnittteile zuschneiden (hier ist die Nahtzugabe bereits enthalten):
Einfassstreifen für Halsausschnittkante: Länge wie Halsausschnittkante, 3,5 cm breit (alle drei Varianten)
Einfassstreifen für Armausschnittkanten: Länge wie Armausschnittkante, 3,5 cm breit (alle drei Varianten)
Einfassstreifen für Saumkante: Länge = 10 cm länger als die Saumkante, 3,5 cm breit (grünes Tanktop)

NÄHEN

1 Nur fliederfarbenes Tanktop: Kräuselung am vorderen Halsausschnitt

Nähe mit einer großen Stichlänge an der Halsausschnittkante des Vorderteils von Knips zu Knips zwei Nähte zum Einkräuseln: die erste Naht füßchenbreit von der oberen Schnittkante, die zweite Naht füßchenbreit unterhalb der ersten Naht. Verknote am Nahtanfang beide Nähfäden miteinander. Am Nahtende ziehst du die beiden Unterfäden gleichmäßig an, sodass kleine Kräuselfältchen entstehen, und zwar bis auf eine Weite von 5 cm. Jetzt verknotest du auch diese Nähfäden.

2 Alle Varianten: Vorder- und Rückenteil zusammennähen

Nimm das Vorder- und das Rückenteil zur Hand. Schließe rechts auf rechts die Schulter- und Seitennähte bei 1 cm Nahtbreite. Versäubere die Nahtzugaben und bügele sie in das Rückenteil.

TIPP

Sollte sich eine gebügelte Naht nicht so gut auf das Teil legen, in das du es bügelst, kannst du ein Leinentuch (oder Geschirrtuch) zur Hand nehmen, auf die bereits gebügelte Naht oben auflegen und nochmals mit Dampf bügeln. Damit erzeugst du eine perfekt glatt gebügelte Strecke. Ob sich ein Stoff gut bügeln lässt oder nicht, ist immer vom Material abhängig.

3 Alle Varianten: Halsausschnitt einfassen
Nähe den Einfassstreifen für den Halsausschnitt rechts auf rechts zum Kreis bei 1 cm Nahtbreite zusammen und bügele die Nahtzugabe auseinander. Den Einfassstreifen legst du nun rechts auf rechts an die Halsausschnittkante, befestigst ihn mit ein paar Stecknadeln und nähst die Strecke bei 5 mm Nahtbreite. Lege den Einfassstreifen um die Nahtzugabe herum auf die linke Seite. Die Nahtzugabe von 5 mm muss gut ausgefüllt sein. Hefte den Streifen einmal ringsum im Nahtschatten fest. Nähe jetzt im Nahtschatten die vorgeheftete Strecke fest. Drehe dein Tanktop auf die linke Seite und du kannst wunderbar auf der rechten Seite im Kreis nähen. Jetzt werden nur noch die überschüssigen Nahtzugaben bei 4 mm weggeschnitten.

4 Nur fliederfarbenes Tanktop
Ziehe vorsichtig die Fäden der Kräuselung im Vorderteil heraus.

5 Alle Varianten: Armausschnitte einfassen
Nähe die Einfassstreifen jeweils rechts auf rechts zum Kreis bei 1 cm Nahtbreite zusammen und bügele die Nahtzugabe auseinander. Die Einfassstreifen legst du nun rechts auf rechts an die Armausschnittkanten, befestigst sie mit ein paar Stecknadeln und nähst die Strecke bei 5 mm Nahtbreite. Die Nahtzugaben liegen deckungsgleich auf den Seitennähten. Lege nun die Einfassstreifen um die Nahtzugabe herum auf die linke Seite. Die Nahtzugabe von 5 mm muss gut ausgefüllt sein. Hefte die Streifen einmal ringsum im Nahtschatten fest. Nähe im Nahtschatten die vorgehefteten Strecken fest. Schneide zum Schluss die überschüssigen Nahtzugaben bei 4 mm weg.

6 Nur grünes Tanktop: Saumkante einfassen
Verarbeite die Saumkante mit dem Einfassstreifen wie die Hals- und Armausschnittkanten. Beachte, dass du hier die Saumkante auf die Weite des Einfassstreifens, der 10 cm länger ist, ausdehnen musst.

7 Nur cremefarbenes und fliederfarbenes Tanktop: Saumkante versäubern
Versäubere die Saumschnittkante. Bügele dann den Saum 2 cm nach links um und steppe ihn entlang der versäuberten Schnittkante knappkantig im leicht gedehnten Zustand fest. Saum nochmals bügeln.

Du bist Kreateurin eines wunderschönen Tanktops – schlüpfe doch gleich mal rein!

Blümchenshorts

FÜR VIELE GELEGENHEITEN

Je nachdem, aus welchem Stoff du dir diese modischen Shorts nähst, können sie alltagstauglich für den Beruf, für den Abend oder für die Freizeit sein. Es kommt auch immer darauf an, mit welchen Tops, Schuhen und Accessoires du sie kombinierst.

MATERIAL

Blümchenstoff (100 % Viskose), 50 cm (34/36), 60 cm (38/40), 70 cm (42/44) (135 cm breit)
Viskose-Jersey für die Bündchen (92 % Viskose, 8 % Elasthan), 40 cm (140 cm breit)
Passendes Nähgarn
Nähgrundausstattung

ZUSCHNEIDEN

Schnittbogen 6 Blau (Variante 2)
Größe 34/36 – 38/40 – 42/44
Schnittteile:
A Vorderhose (2 ×)
B Hinterhose (2 ×)
C Taillenbund (2 ×)

Die Schnittteile gemäß Lageplan mit 1 cm Nahtzugabe zuschneiden.

Außerdem nachfolgendes Schnittteil zuschneiden (hier ist die Nahtzugabe bereits enthalten):
D **Saumbündchen:** 50 cm (34/36), 55 cm (38/40), 60 cm (42/44) lang, 8 cm breit (2 ×)

Aus Viskose-Jersey

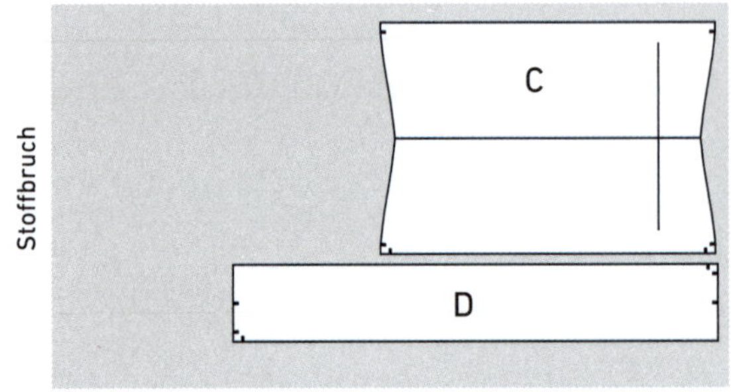

Aus Blümchenstoff

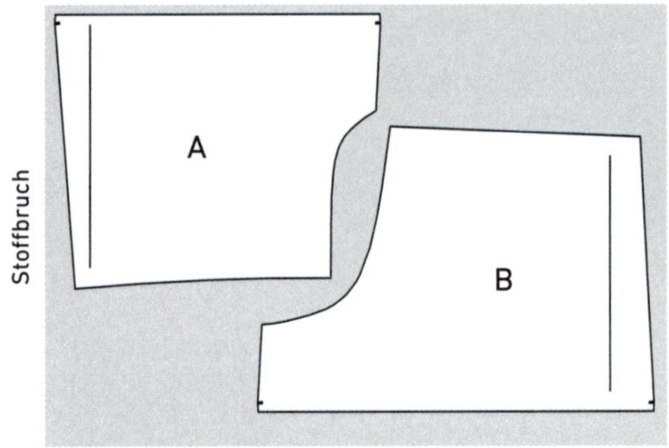

NÄHEN

1 Äußere und innere Beinnaht
Nehme jeweils eine Vorderhose und eine Hinterhose und lege sie rechts auf rechts aufeinander. Nähe jeweils die äußere und innere Beinnaht zusammen und achte darauf, dass du eine akkurate Naht bei 1 cm Nahtbreite nähst. Versäubere anschließend alle vier Nähte und bügele sie in die Hinterhose.

2 Schrittnaht
Schließe nun die Schrittnaht rechts auf rechts. Dabei beachte bitte, dass die beiden Nähte der inneren Beinnaht deckungsgleich aufeinanderliegen. Mit einer Stecknadel erhältst du einen festen Markierungspunkt. Nach dem Nähen muss diese Naht wieder versäubert und in eine Richtung gebügelt werden.

3 Die Bündchen vorbereiten
Der Taillenbund hat rechts und links an den Seiten eine Naht. Diese müssen beim Zusammennähen mit den Seitennähten der Hose aufeinandertreffen. Lege den Bund rechts auf rechts und schließe die Seitennähte bei 1 cm Nahtbreite. Bügele danach die Nähte auseinander. Lege den Bund nun zur Hälfte links auf links,

sodass die obere Bundkante im Bruch liegt. Gehe für die Bündchen am Hosenbein ebenso vor. Der einzige Unterschied ist, dass du nur eine Naht hast. Diese sollte sich beim Zusammennähen deckungsgleich an der inneren Beinnaht befinden.

4 Die Bündchen annähen
Alle Bündchen, die jetzt auf Bruch liegen, werden an den beiden aufeinanderliegenden Schnittkanten erst einmal zusammengenäht. Stecke mit ein paar Stecknadeln (vier reichen aus) den gedoppelten Bund zusammen. Du musst sehr dehnbar nähen, damit du im gedehnten Zustand auf die gleiche Weite kommst wie die jeweilige Weite des Hosenbeins bzw. des Taillenansatzes der Hose. Teile die Bündchen in vier gleiche Strecken und markiere sie mit Nadeln. Das Gleiche gilt für die Hose. Stecke die Bündchen und die jeweilige Schnittkante der Hose rechts auf rechts an den markierten Stellen zusammen und nähe sie im gedehnten Zustand bei 1 cm Nahtbreite fest. Danach werden die drei Bundnähte ebenfalls im gedehnten Zustand versäubert. Wenn du möchtest, kannst du die Bundnähte nochmals schmal und füßchenbreit von rechts absteppen. Der gedehnte Zustand muss beibehalten werden.

Die Hose ist fertig –
viel Freude beim Tragen!

TIPP

Schau genau, wo dein Nähfuß bei einem Abstand von 1 cm auf dem Stoff liegt, und versuche bei jeder genähten Naht den Abstand von Füßchen zu Stoff beizubehalten. Im Laufe der Zeit kannst du dein Auge wunderbar dafür schulen.

Weites Top in Koralle

WOW – WAS FÜR EINE FARBE!!!

Wenig Aufwand, große Wirkung: Zwei Schnittteile, vier Nähte – und fertig ist dein neues Urlaubstop (ok, zum Finish gehören noch die lässigen Rollsäume …). Trage dieses Shirt im Sommer zu leicht gebräunter Haut – und du siehst hervorragend aus!

MATERIAL

Koralltarbener Viskose-Jersey (35 % Viskose, 65 % Polyester), 70 cm (140 cm breit)
Passendes Nähgarn
Nähgrundausstattung

Hinweis: Dieser Schnitt ist nur für Wirkware geeignet.

← Die Anleitung für den Hosenrock findest du auf Seite 56 f.

ZUSCHNEIDEN

Schnittbogen 1 Rot
Größe 36 – 38 – 40 – 42
Schnittteile:
A Vorderteil
B Rückenteil

Die Schnittteile gemäß Lageplan mit 1 cm Nahtzugabe zuschneiden (grau gekennzeichnete Teile nur in einfacher Stofflage).

Bitte beachten: Die Schnittkanten, die eingefasst werden, d.h. die Hals- und Armausschnitte sowie die Saumkante, ohne Nahtzugabe zuschneiden.

Außerdem nachfolgende Schnittteile zuschneiden (hier ist die Nahtzugabe bereits enthalten):
C **Zierstreifen für Halsausschnittkante:** Länge = 4 cm kürzer als die Halsausschnittkante, 3 cm breit
D **Zierstreifen für Armausschnittkanten:** Länge = 2 cm kürzer als die Armausschnittkante, 3 cm breit (2 ×)
E **Zierstreifen für Saumkante:** Länge = 4 cm kürzer als die Saumkante, 3 cm breit (2 ×)

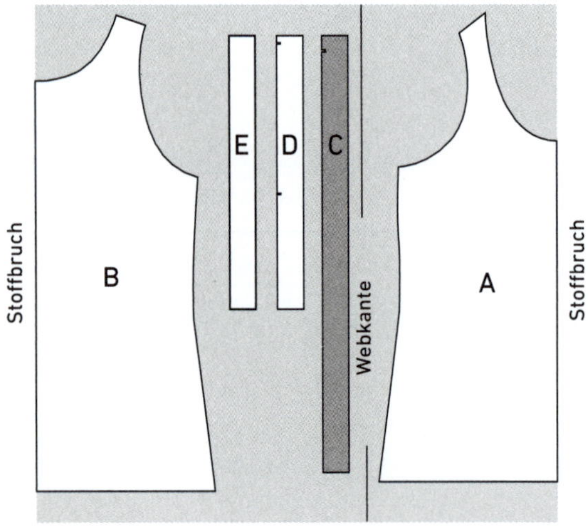

NÄHEN

1 Schulter- und Seitennähte schließen
Lege Vorder- und Rückenteil rechts auf rechts und schließe die Schulter- und Seitennähte bei 1 cm Nahtbreite. Versäubere die Nahtzugaben und bügele sie in das Rückenteil.

2 Zierstreifen vorbereiten
Schließe die Zierstreifen jeweils rechts auf rechts zum Kreis. Bügele anschließend die Nähte auseinander. Beginne mit dem Zierstreifen für die Saumkante, da sich dieser am einfachsten verarbeiten lässt. Du kannst hierbei ein wenig Erfahrung für die anderen Kanten sammeln.

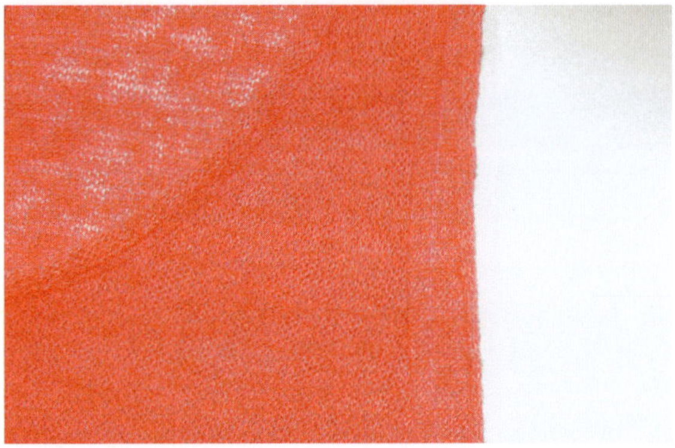

3 Zierstreifen annähen
Drehe das Top auf die linke Seite, damit du alle Zierstreifen im Kreis annähen kannst. Den Saumstreifen rechts auf rechts bei 1 cm Nahtbreite dehnbar an den Saum nähen. Anschließend die Saumkante versäubern. Hierbei ist es wichtig, dass du die Stichlänge ein wenig verringerst, damit eine schöne Versäuberung entsteht. Jetzt bügele die Nahtzugabe in den Streifen und steppe sie füßchenbreit fest. Dann bügele den Zierstreifen in Richtung Saumkante.

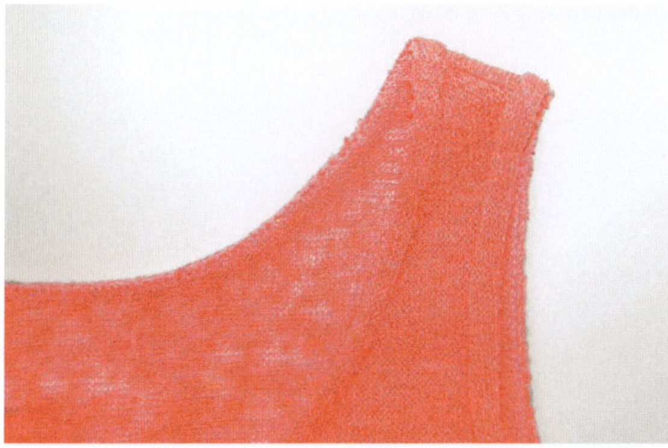

4 Den Zierstreifen für die Halsausschnittkante rechts auf rechts bei 1 cm Nahtbreite dehnbar an die Halsausschnittkante nähen. Versäubere die Nahtzugabe, bügele sie in den Streifen und steppe sie füßchenbreit fest. Dann bügele den Streifen in Richtung Halsausschnittkante.

5 Den Zierstreifen für die Armausschnittkanten rechts auf rechts bei 1 cm Nahtbreite dehnbar an die Armausschnittkanten nähen. Versäubere die Nahtzugabe, bügele sie in den Streifen und steppe sie füßchenbreit fest. Dann bügele den Streifen in Richtung Armausschnittkante.

6 Zierstreifen zum Rollsaum bügeln
Hänge das Top in Augenhöhe auf einen Kleiderbügel. Dann dämpfst du, ohne den Stoff mit dem Bügeleisen zu berühren, die Zierstreifen nach unten, damit diese sich schön einrollen.

Voilà – dein neues Lieblingsteil ist fertig!

Hosenrock

MIT BREITEM RINGELBUND

Ein großartiges Teil: Es schwingt leicht wie ein Rock, erlaubt aber mehr Bewegungsfreiheit, wenn man gerne sportlich unterwegs ist – und supereasy selbst genäht ist es auch noch!

MATERIAL

Cremefarbener Stoff (60 % Leinen, 30 % Viskose, 10 % Polyamid), 80 cm (150 cm breit)
Streifen-Jersey für den Taillenbund (95 % Viskose, 5 % Elasthan), 30 cm (145 cm breit)
Passendes Nähgarn
Nähgrundausstattung

ZUSCHNEIDEN

Schnittbogen 6 Blau (Variante 1)
Größe 34/36 – 38/40 – 42/44
Schnittteile
A Vorderhose (2 ×)
B Hinterhose (2 ×)
C Taillenbund (2 ×)

Die Schnittteile gemäß Lageplan mit 1 cm Nahtzugabe zuschneiden. Am Hosensaum 4 cm Nahtzugabe zugeben.

Aus Jersey

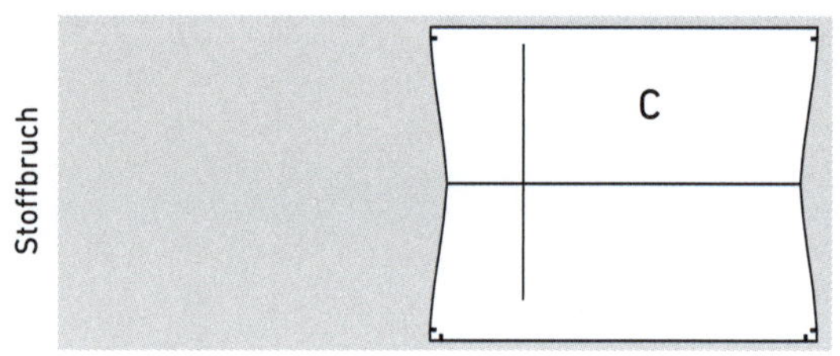

Aus Leinenstoff

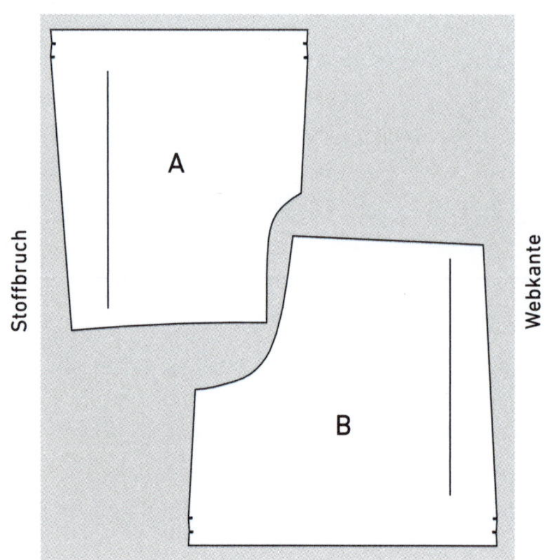

NÄHEN

1 Äußere Beinnaht
Lege jeweils eine Vorderhose und eine Hinterhose rechts auf rechts aufeinander und nähe die äußere Beinnaht bei 1 cm Nahtbreite zusammen. Versäubere die Naht und bügele sie in die Hinterhose. Steppe die Naht von rechts knappkantig und füßchenbreit ab. Achte beim Zusammennähen von zwei Stoffteilen immer darauf, dass am Anfang und am Ende der genähten Naht die jeweils äußeren Kanten exakt aufeinandertreffen.

2 Innere Beinnaht
Schließe die innere Beinnaht rechts auf rechts bei 1 cm Nahtbreite. Versäubere sie und bügele sie in die Hinterhose. Vergiss auch nie, die genähte Naht am Anfang und am Ende zu versiegeln.

3 Hosensaum
Bügele den Hosensaum erst 2 cm und dann noch mal 2 cm nach links ein und steppe diesen doppelten Umschlag knappkantig fest.

4 Schrittnaht
Lege die Hosenteile rechts auf rechts und schließe die Schrittnaht. Stelle dabei sicher, dass die beiden inneren Beinnähte deckungsgleich aufeinanderliegen. Mit einer Stecknadel

kannst du die beiden Teile fixieren, damit sie beim Zusammennähen nicht verrutschen. Nach dem Nähen wird die Naht wieder versäubert und gebügelt. Hierbei den oberen Teil der Schrittnaht in eine Richtung bügeln. Dann die Naht von rechts knapp und füßchenbreit absteppen.

5 Vorbereiten des Taillenbundes
Der Bund hat jeweils rechts und links eine Seitennaht. Diese müssen beim Zusammennähen mit den Seitennähten des Hosenrocks aufeinandertreffen. Lege den Bund rechts auf rechts und schließe die Seitennähte bei 1 cm Nahtbreite. Achte hierbei auf das Muster: Die Streifen müssen genau aneinanderpassen. Es ist wichtig, dass du den Jersey dehnbar nähst. Ansonsten kann die Naht unter Spannung reißen. Bügele anschließend die Seitennähte auseinander. Lege das Bündchen zur Hälfte links auf links aufeinander, sodass die obere Bundkante im Bruch liegt, und stecke die Schnittkanten mit einigen Stecknadeln zusammen. Nähe das Bündchen an den beiden aufeinanderliegenden Schnittkanten zusammen. Du musst hier sehr dehnbar nähen, damit im gedehnten Zustand die Weite des Hosenansatzes erreicht wird, mit dem das Bündchen jetzt zusammengenäht wird.

6 Den Taillenbund an den Hosenrock nähen
Markiere die vordere und die hintere Mitte des Bündchens sowie die Seitennähte jeweils mit einer Stecknadel. Das Bündchen hat nun vier Markierungspunkte. Stecke jetzt den Taillenbund rechts auf rechts an den entsprechenden Markierungspunkten mit der oberen Hosenkante aufeinander. Nähe im gedehnten Zustand bei 1 cm Nahtbreite das Bündchen mit der Hose zusammen. Überprüfe, ob das Muster des Taillenbundes einen gleichmäßigen Abstand zur Naht hat. Versäubere deine Naht im gedehnten Zustand und bügele sie in die Hose.

Der Sommer kann kommen!

TIPP

Für ein besonders professionelles Finish kannst du die Bundnaht zum Schluss nochmals knapp und füßchenbreit von rechts absteppen. Achtung: Der gedehnte Zustand muss beim Nähen wieder beibehalten werden.

Rock in Wickeloptik

RAFFINIERT UND SUPERBEQUEM

Hier flirtet Lässigkeit mit Eleganz: Bequemer Jersey in Kombination mit einem raffinierten Schnitt macht diesen Rock zu einem ganz besonderen Teil. Bereit fürs nächste Sommerdate?

MATERIAL

Grauer Baumwoll-Stretch
(96 % Baumwolle, 4 % Elasthan),
90 cm (145 cm breit)
Grau melierter Baumwoll-Jersey für den Taillenbund (96 % Baumwolle, 4 % Elasthan),
20 cm (140 cm breit)
Passendes Nähgarn
Nähgrundausstattung

← Die Anleitung für das Shirt findest du auf Seite 64 f.

ZUSCHNEIDEN

Schnittbogen 2 Orange
Größe 36 – 38 – 40 – 42
Schnittteile:
A Vorderrock (2 ×)
A Vorderer Saumbeleg (2 ×)
B Hinterrock
B Hinterer Saumbeleg

Die Schnittteile gemäß Lageplan mit 1 cm Nahtzugabe zuschneiden.

Bitte beachten: Den vorderen und hinteren Ausschnittbeleg jeweils aus dem Vorder- bzw. Rückenteil kopieren. Die Schere markiert den Bereich der nochmals als Beleg benötigt wird.

Außerdem nachfolgendes Schnittteil aus dem grau melierten Baumwoll-Jersey zuschneiden (hier ist die Nahtzugabe bereits enthalten):
C **Taillenbund:** 66 cm (36), 70 cm (38), 74 cm (40), 78 cm (44) lang, 18 cm breit

Aus grauem Baumwoll-Stretch

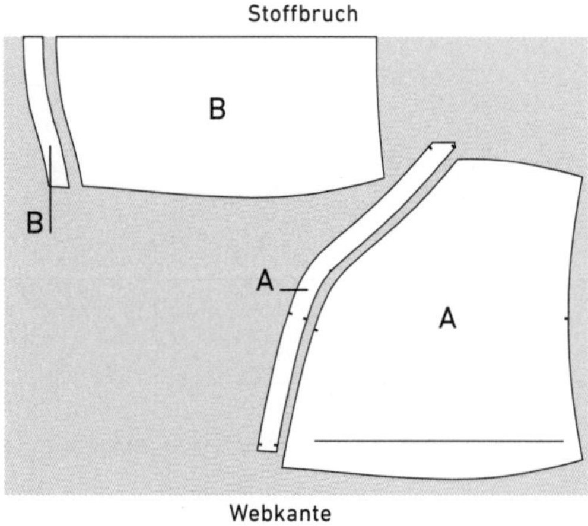

Aus grau meliertem Jersey

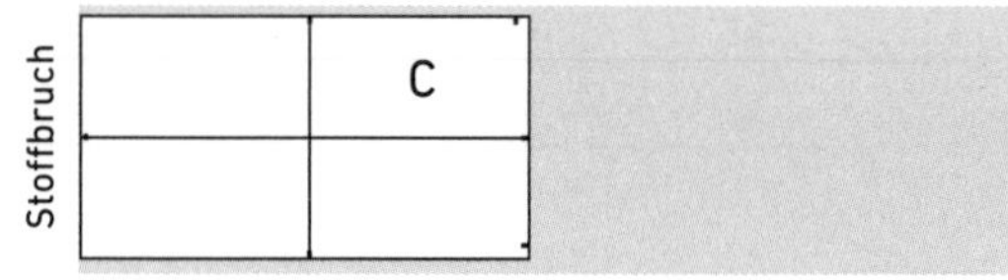

NÄHEN

1 Seitennähte
Lege den Vorderrock (zwei Teile – nur die Seitennähte, die mit der Seitennaht des Hinterrocks zusammenpassen) und Hinterrock rechts auf rechts, schließe die beiden Seitennähte bei 1 cm Nahtbreite und versäubere sie. Bügele die Nähte in den Hinterrock, nur die linke Seitennaht des Rocks wird knapp und füßchenbreit abgesteppt. Die beiden Vorderröcke sind an ihren kurzen Seitennähten noch offen.

2 Saumbelege
Schließe die Saumbelege rechts auf rechts an der Seitennaht und bügele sie auseinander. Versäubere die obere Schnittkante des Saumbeleges. Lege die Saumkante des Belegs rechts auf rechts

auf die Saumkante von Vorder- und Hinterrock. Die Seitennähte von Beleg und Rock müssen exakt aufeinanderliegen. Befestige sie mit Stecknadeln. Verbinde mit mehreren Stecknadeln Beleg und Rocksaum. Nähe bei 1 cm im Abstand zur Saumkante Beleg und Rock zusammen.

3 Wende den Saumbeleg nach links und hefte ihn 5 mm ab Kante durch alle Stofflagen am Rock fest. Achte darauf, dass die Nahtbruchkante genau im Bruch liegt und weder von rechts noch von links zu sehen ist.

4 Bügele die Saumkante mit einem Bügeltuch. Den Saumbeleg befestige mit Stecknadeln auf dem Rockteil. Steppe im gleichmäßigen Abstand knapp von der versäuberten Kante den Beleg auf den Rock. Bügele nochmals die Saumkante.

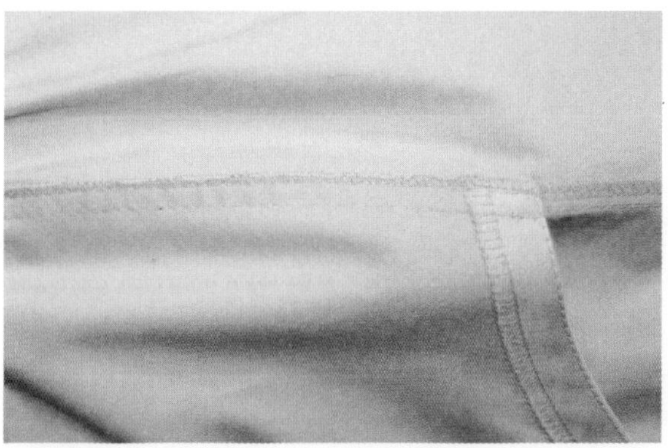

5 Vorderrockteile
Versäubere die kurzen Seiten der beiden Vorderröcke. Lege den linken Vorderrock von rechts unter den rechten Vorderrock von innen an die rechte Seitennaht. Versäuberte Schnittkanten liegen in einer Richtung. Stecke diese Strecke mit ein paar Stecknadeln fest und hefte diese Strecke von rechts im Nahtschatten an der rechten Seitennaht fest. Drehe den Rock auf die linke Seite und steppe die rechte Seitennaht schmal und füßchenbreit ab.

6 Jetzt lege den rechten Vorderrock an die linke Seitennaht, schlage die Nahtzugabe nach links und befestige mit Stecknadeln von innen die eingeschlagene Nahtzugabe an der linken Seitennaht. Drehe den Rock um und nähe im Nahtschatten der Seitennaht den rechten Vorderrock auf. Drehe den Rock wieder auf rechts und bügele die »unsichtbare« Naht.

7 Taillenbund
Lege den Bund rechts auf rechts und schließe die Seitennaht bei 1 cm Nahtbreite. Bügele die Nahtzugabe auseinander. Lege das Bündchen zur Hälfte links auf links aufeinander, sodass die obere Bundkante im Bruch liegt. Steppe die Schnittkanten anschließend bei 5 mm stark gedehnt zusammen.

8 Markiere dir im Vorder- und Hinterrock die vordere und hintere Mitte mit Stecknadeln. Markiere im Bund ebenfalls die Seitennähte und die vordere und hintere Mitte. Stecke das Bündchen rechts auf rechts an die Taillenschnittkante des Rocks, Seitennähte und vordere und hintere Mitte müssen deckungsgleich liegen.

9 Nähe im gedehnten Zustand die Naht bei 1 cm Nahtbreite zusammen. Versäubere die Nähte danach ebenfalls im gedehnten Zustand, bügele die Nahtzugabe in den Bund und steppe sie knappkantig und füßchenbreit ab.

Der Wickelrock ist fertig!
Den hast du dir selbst genäht!

Kimonoshirt

MIT ALLOVER-PRINT-MUSTER

Dieses Kimonoshirt aus feinstem Baumwollvoile passt wirklich zu allem, selbst in Harmonie zu Mustermix! Es wirkt lässig und schick, aber nicht zu angezogen, und im Handumdrehen genäht ist es auch noch!

MATERIAL

Bunter Stoff (100 % Baumwolle),
140 cm (145 cm breit)
Passendes Nähgarn
Nähgrundausstattung

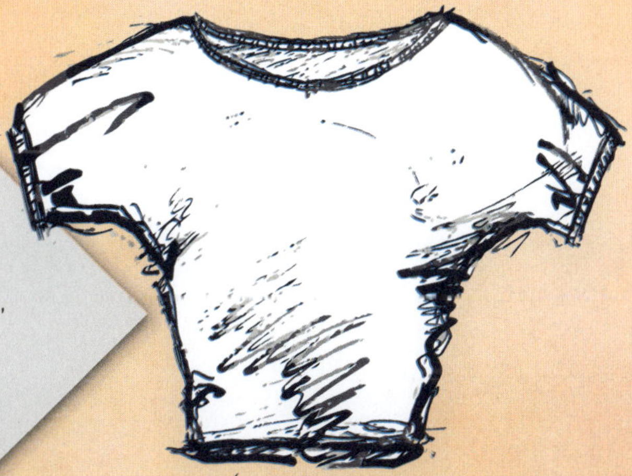

← Die Anleitung für den Rock findest du auf Seite 60 f.

ZUSCHNEIDEN

Schnittbogen 6 Grün
Größe 36 – 38 – 40 – 42
Schnittteile:
A Vorderteil
B Rückenteil

Die Schnittteile gemäß Lageplan mit 1 cm Nahtzugabe zuschneiden (grau gekennzeichnete Teile nur in einfacher Stofflage).

Außerdem nachfolgende Schnittteile zuschneiden (hier ist die Nahtzugabe bereits enthalten):
C **Halsausschnitt-Schrägstreifen:** Länge wie Halsausschnittkante, 3,5 cm breit (schräg zum Fadenlauf zuschneiden)
D **Ärmelsaum-Schrägstreifen:** Länge wie Ärmelsaumkante, 3,5 cm breit (2 ×, schräg zum Fadenlauf zuschneiden)

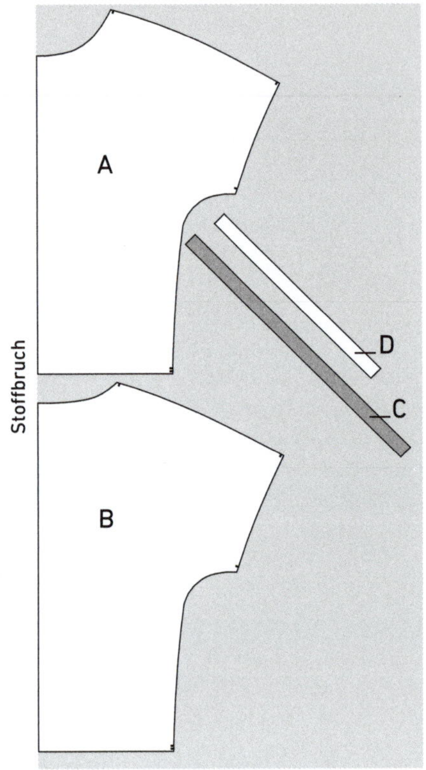

NÄHEN

1 Schulternähte
Lege Vorderteil und Rückenteil rechts auf rechts und schließe die Schulternähte. Versäubere die Nahtzugaben und bügele sie ins Rückenteil. Mit dem Schließen der Seitennähte noch warten, denn es ist jetzt einfacher, den Schrägstreifen für den Halsausschnitt zu nähen.

2 Halsausschnitt
Bügele den Halsausschnitt-Schrägstreifen längs zur Hälfte links auf links in den Bruch. Achte darauf, dass du beim Bügeln die Strecke nicht ausdehnst, denn das kann durch den schrägen Zuschnitt schnell passieren. Falte den Schrägstreifen an den Schnittkanten auseinander und schließe ihn rechts auf rechts zum Kreis. Die Nahtzugabe auseinanderbügeln und an dieser Stelle den verloren gegangenen Bruch nochmals einbügeln.

3 Lege die Naht des Halsausschnitt-Streifens an einer Schulternaht an und befestige die Lagen mit Stecknadeln. Jetzt stecke in gleichmäßigen Abständen den Streifen am Halsausschnitt fest und nähe ihn in Füßchenbreite an. Schneide die Nahtzugabe gleichmäßig auf 5 mm zurück.

4 Wende den Schrägstreifen auf die linke Seite und bügele ihn an der Nahtbruchkante scharf ein. Steppe den Schrägstreifen an der Bruchkante knappkantig auf das Oberteil. Bügele anschließend die Halsausschnittkante nochmals.

5 Seitennähte
Schließe jetzt die Seitennähte bei 1 cm Nahtbreite, versäubere sie und bügele sie ins Rückenteil.

6 Ärmelsäume
Bügele den Ärmelsaum-Schrägstreifen längs zur Hälfte links auf links in den Bruch. Achte wieder darauf, dass du beim Bügeln die Strecke wegen des schrägen Zuschnitts nicht ausdehnst.

7 Falte den Schrägstreifen an den Schnittkanten auseinander und schließe ihn rechts auf rechts zum Kreis. Die Nahtzugabe auseinanderbügeln und an dieser Stelle den verloren gegangenen Bruch nochmals einbügeln. Lege die Naht des Ärmelsaum-Streifens, Schnittkante an Schnittkante, an der Seitennaht an und befestige die Lagen mit Stecknadeln.

8 Jetzt stecke in gleichmäßigen Abständen den Streifen an der Ärmelsaumkante fest und nähe ihn in Füßchenbreite an. Schneide die Nahtzugabe gleichmäßig auf 5 mm zurück. Wende den Schrägstreifen auf die linke Seite und bügele ihn an der Nahtbruchkante scharf ein. Steppe den Schrägstreifen an der Bruchkante knappkantig fest. Bügele anschließend die Ärmelsaumkante nochmals.

9 Shirtsaum
Schlage den Saum schmal und doppelt bei 5 mm ein und steppe ihn an der Bruchkante knappkantig fest. Bügele zum Schluss den Saum.

Hurra, ein neues Teil ist bereit zum Ausgehen!

Weißes Trägerkleid

IM ROMANTISCHEN LOCHSTICKEREI-LOOK

Dieses Kleid gehört unbedingt in den Urlaubskoffer! Das luftig leichte Hängerchen für heiße Tage ist 1, 2, 3 genäht und möchte zum Promenadenbummel oder zu einem Ausflug an den Strand ausgeführt werden. Und das Eis nicht vergessen!

MATERIAL

Lochstickerei-Stoff (100 % Baumwolle), 180 cm (140 cm breit)
Passendes Nähgarn
Nähgrundausstattung

ZUSCHNEIDEN

Schnittbogen 1 Orange
Größe 34/36 – 38/40 – 42/44
Schnittteile:
A Vorder- und Rückenteil (2 ×)
A Vorderer und hinterer Ausschnittbeleg (2 ×)

Die Schnittteile gemäß Lageplan mit 1 cm Nahtzugabe zuschneiden.

Bitte beachten: Den vorderen und hinteren Ausschnittbeleg jeweils aus dem Vorder- bzw. Rückenteil kopieren. Die Schere markiert den Bereich der nochmals als Beleg benötigt wird. Am Saum gibt es keine Nahtzugabe, da die Saumkante gleich der Bordürenkante ist. Bei Stoffen ohne Bordürenkante für den Saum 2 cm zugeben.
Bitte beachte bei deiner Stoffauswahl, dass der hier angegebene Stoffverbrauch und der gezeichnete Lageplan sich nur auf die hier verwendete Bordürenstickerei beziehen.

Außerdem nachfolgende Schnittteile schräg zum Fadenlauf zuschneiden (hier ist die Nahtzugabe bereits enthalten):
B **Träger:** 60 cm lang, 4 cm breit (2 ×)
C **Armloch-Schrägstreifen:** Länge wie Armausschnittkante, 4 cm breit (2 ×)

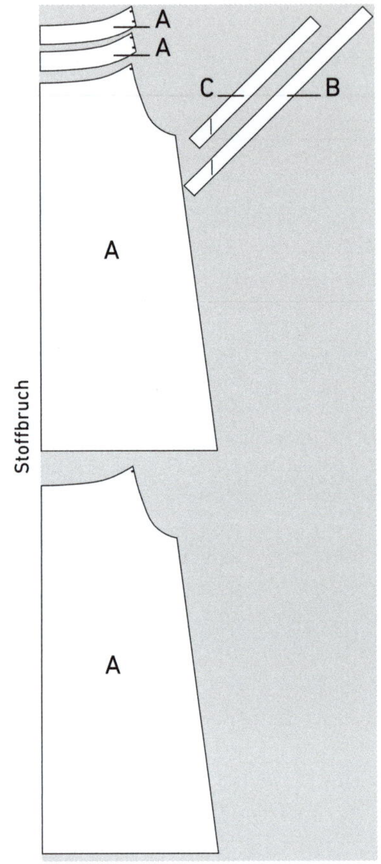

NÄHEN

1 Vorder- und Rückenteil
Lege Vorder- und Rückenteil rechts auf rechts und schließe die Seitennähte. Versäubere sie an den Schnittkanten und bügele sie in das Rückenteil.

2 Armausschnitte
Bügele die Armloch-Schrägstreifen zur Hälfte links auf links in den Bruch. Achte darauf, dass du sie dabei nicht ausdehnst (da sie schräg zum Fadenlauf zugeschnitten sind, sind sie sehr dehnbar).

3 Lege die Armloch-Schrägstreifen mit der Schnittkante rechts auf rechts auf die Armlochschnittkante des Vorder- und Rückenteils. Befestige sie mit Stecknadeln (fünf sind ausreichend) und nähe sie bei 7 mm Nahtbreite zusammen. Schneide die Nahtzugabe zur Hälfte ein, von der Seitennaht beginnend nach rechts und nach links (je 8 cm), in einem Abstand von 2 cm.

4 Bügele den Bruch des Armloch-Schrägstreifens in Richtung der Armlochschnittkante. Schlage den Armloch-Schrägstreifen nach links und bügele ihn genau an der Nahtbruchkante auf die linke Seite. Steppe den Streifen an der Bruchkante knappkantig auf das Vorder- und Rückenteil.

5 Halsausschnitt
Lege den vorderen und hinteren Ausschnittbeleg rechts auf rechts auf den vorderen und hinteren Ausschnitt des Kleids und nähe ihn bei 1 cm Nahtbreite fest. Achte darauf, dass die Nahtzugaben der Belege rechts und links am Ende der Ausschnitte des Kleids 1 cm überstehen. Schlage die Ausschnittbelege nach links ein und bügele die Nahtbruchkanten ein. Lege an den beiden Seiten des vorderen und hinteren Ausschnittbelegs die überstehende Nahtzugabe zwischen Beleg und Oberstoff und bügele sie ein. Bügele nun die Nahtzugabe an der Schnittkante der Belege 1 cm ein und stecke sie fest. Achte darauf, dass ein gleichmäßiger Abstand zur oberen Ausschnittkante entsteht. Nähe die Belege knappkantig an der eingebügelten Bruchkante auf.

6 Träger
Lege die Träger jeweils rechts auf rechts längs in den Bruch und nähe bei 7 mm Nahtbreite die Strecke zusammen. Wende mithilfe einer kleinen Sicherheitsnadel das Band durch den entstandenen Tunnel auf die rechte Seite. Ziehe die Träger durch den Tunnelzug am Ausschnitt von Vorder- und Rückenteil. Die Enden werden einfach verknotet.

7 Saum
Wenn du einen Stoff ohne Bordürenkante verwendest, dann versäubere die Saumschnittkante, indem du sie 2 cm nach innen bügelst und knappkantig feststeppst.

Du hast ein wunderschönes Hängerchen genäht!

Tunika

MIT WEISSER SPITZE

Diese sommerlich leichte und äußerst lässige Tunika ist das perfekte Kleidungsstück für den Alltag wie auch den Strandbesuch!

MATERIAL

Lochstickerei-Stoff
(100 % Baumwolle), 130 cm (34/36),
140 cm (38/40), 150 cm (42/44)
(140 cm breit)
Passendes Nähgarn
Nähgrundausstattung

← Aus dem gleichen Stoff konnst du dir auch ein süßes Trägerkleid nähen. Die Anleitung findest du auf Seite 68 f.

ZUSCHNEIDEN

Schnittbogen 4 Grün (Variante 2)
Größe 34/36 – 38/40 – 42/44
Schnittteile:
A Vorderteil
A Vorderer Halsausschnittbeleg
B Rückenteil
B Hinterer Halsausschnittbeleg
C Ärmel (2 ×)

Die Schnittteile gemäß Lageplan mit 1 cm Nahtzugabe zuschneiden.

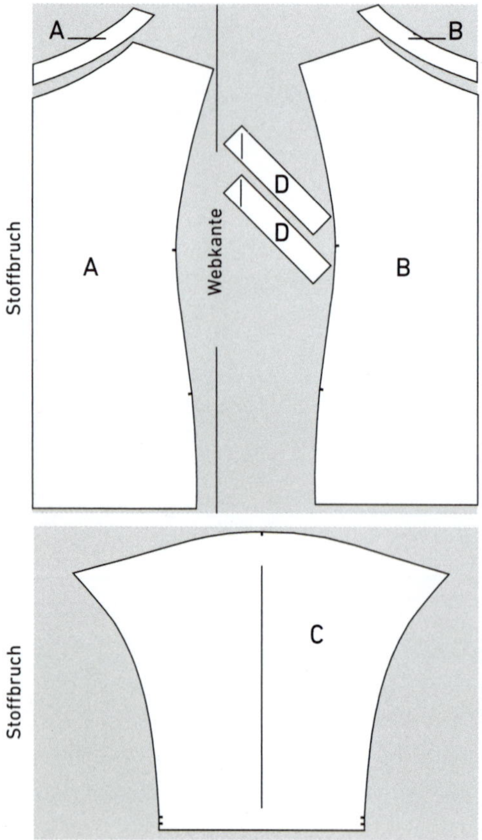

Bitte beachten: Den vorderen und hinteren Ausschnittbeleg jeweils aus dem Vorder- bzw. Rückenteil kopieren. Die Schere markiert den Bereich der nochmals als Beleg benötigt wird. Am Ärmelsaum 2 cm Nahtzugabe zugeben. Am Saum gibt es keine Zugabe, da die Saumkante gleich der Bordürenkante ist. Bei Stoffen ohne Bordürenkante für den Saum 2 cm zugeben. Bitte beachte bei deiner Stoffauswahl, dass der hier angegebene Stoffverbrauch und der gezeichnete Lageplan sich nur auf die hier verwendete Bordürenstickerei beziehen.

Außerdem nachfolgende Schnittteile zuschneiden (hier ist die Nahtzugabe bereits enthalten):
D **Schlitzeinfassung:** 20 cm lang, 3,5 cm breit (4 ×, schräg zum Fadenlauf zuschneiden)

NÄHEN

1 Schulternähte
Lege Vorderteil und Rückenteil rechts auf rechts und schließe die Schulternähte. Versäubere die Nahtzugaben und bügele sie ins Rückenteil. Mit dem Schließen der Seitennähte noch warten, denn es ist jetzt einfacher, den Beleg an den Halsausschnitt zu nähen.

2 Halsausschnitt
Schließe nun die Schulternähte des vorderen und hinteren Halsausschnittbelegs rechts auf rechts bei 1 cm Nahtbreite und bügele die Nahtzugaben auseinander.

3 Lege den Halsausschnittbeleg rechts auf rechts auf die Halsausschnittkante – Schulternähte, vordere und hintere Mitte müssen exakt aufeinanderpassen – und stecke den Beleg mit ein paar Stecknadeln fest. Nähe den Beleg an, dabei musst du die Nahtzugabe vom Oberteil zur Spitze an der vorderen und hinteren Mitte bis kurz vor die Naht einschneiden. Bügele die Nahtzugabe in den Beleg und steppe sie knappkantig im Beleg fest.

4 Wende den Beleg auf die linke Seite und bügele den Nahtbruch scharf ein. Jetzt bügele die äußere Belegschnittkante 1 cm ein und stecke sie mit Stecknadeln am Oberteil fest. Achte darauf, dass du einen parallelen Abstand zur Nahtbruchkante hast. Steppe den Beleg an der eingebügelten Bruchkante knappkantig auf.

5 Ärmel und Seitennähte
Stecke die Ärmel rechts auf rechts an die Armausschnittkanten im Oberteil. Der Knips an der oberen Armkugel muss dabei exakt auf der Schulternaht liegen. Nähe die Ärmel ein, versäubere die Nahtzugabe und bügele sie ins Oberteil.

6 Schließe nun die Ärmel- und Seitennähte rechts auf rechts in einem Rutsch. Achte darauf, die Seitennähte jeweils nur bis zur Schlitzmarkierung zu schließen, und stelle sicher, dass die Ärmeleinsatznähte deckungsgleich aufeinanderliegen.

7 Saum
Wenn du einen Stoff ohne Bordürenkante verwendest, dann versäubere die Saumschnittkante, indem du sie 2 cm nach innen bügelst und knappkantig feststeppst.

8 Schlitzverarbeitung
Fertige dir eine Schablone von 1,8 cm Breite und 20 cm Länge aus festem Papier an. Bügele die kurzen Kanten der Schlitzeinfassung 1 cm nach innen. Lege die Schablone mittig auf die Einfassung und bügele die überstehende Nahtzugabe nach innen. Lege die Einfassung rechts auf links auf eine Schlitzkante und nähe auf dem vorgebügelten Bruch die Einfassung an der Schlitzkante fest. Du musst insgesamt vier Strecken nähen, je zwei pro Seitennaht.

9 Lege den Streifen um die Nahtzugabe herum nach außen und steppe die Einfassung an der eingebügelten Bruchkante knappkantig auf die Ansatznaht. Schneide am Schlitzbeginn die Nahtzugabe bis zur Naht ein. Lege die eingefassten Schlitze jeweils links auf rechts und steppe sie an der oberen Kante zusammen.

10 Versäubern
Versäubere die Ärmel- und Seitennähte und bügele sie ins Rückenteil. Bügele die Ärmelsaumkanten 2 cm ein und steppe diese doppelt eingeschlagen an der Bruchkante knappkantig fest.

Voller Stolz kannst du sagen:
Die habe ich mir selbst genäht!!!

Korallfarbenes Kleid

LÄSSIG UND LEGER FÜR JEDEN ANLASS

Mit diesem Kleid punktest du bei jeder Veranstaltung – ob beim entspannten Cafébesuch oder beim sommerlichen Businesslunch. Und diese Farbe … ein echter Hingucker!

MATERIAL

Korallfarbener Viskose-Jersey (35 % Viskose, 65 % Polyester), 120 cm (34/36), 120 cm (38/40), 130 cm (42/44) (140 cm breit)
Passendes Nähgarn
Nähgrundausstattung

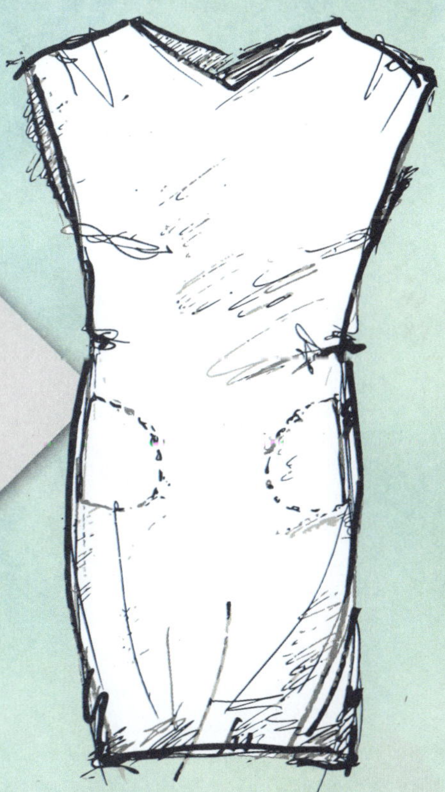

← Aus dem gleichen Stoff kannst du dir auch ein sommerliches Top nähen. Die Anleitung dafür findest du auf Seite 52 f.

ZUSCHNEIDEN

Schnittbogen 4 Grün (Variante 3)
Größe 34/36 – 38/40 – 42/44
Schnittteile:
A Vorderteil
B Rückenteil
D Taschenbeutel (2 ×)

Die Schnittteile gemäß Lageplan mit 1 cm Nahtzugabe zuschneiden (grau gekennzeichnete Teile nur in einfacher Stofflage). Am Kleidsaum 3 cm Nahtzugabe zugeben.

Außerdem nachfolgende Schnittteile zuschneiden (hier ist die Nahtzugabe bereits enthalten):
E **Halslochblende:** Länge = 6 cm kürzer als die Halsausschnittkante, 3,5 cm breit
F **Tascheneingriffbeleg:** 15 cm lang, 3 cm breit (2 ×)

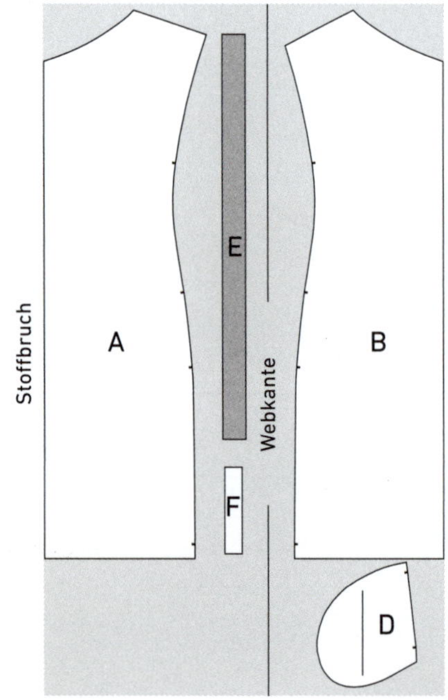

NÄHEN

1 Seitennahttaschen
Nimm das Vorderteil, die Taschenbeutel (2 ×) und die Tascheneingriffbelege (2 ×) zur Hand. Lege die Tascheneingriffbelege rechts auf rechts an die für den Tascheneingriff markierten Schnittkanten. Nähe von Knips zu Knips exakt parallel zur Schnittkante bei 1 cm Nahtbreite. Nahtanfang und Nahtende werden verriegelt. Schneide von der Schnittkante am Nahtanfang und am Nahtende im Winkel von 90 Grad bis kurz vor der genähten Naht ein.

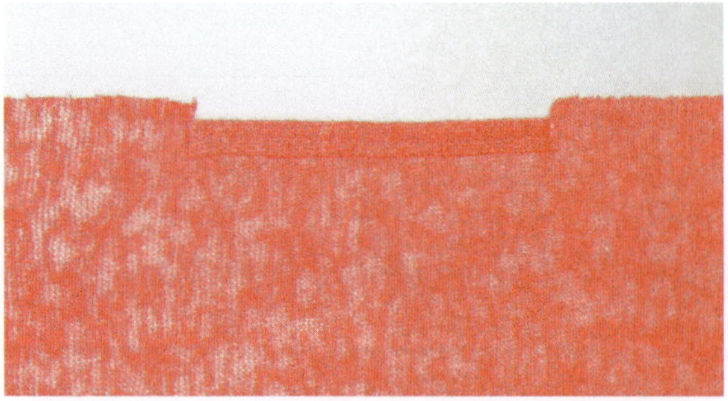

2 Bügele die Nähte auseinander und schlage dann den Beleg nach links um. Die genähte Naht liegt jetzt im Bruch. Nochmals bügeln. Anschließend den Tascheneingriff bei 1 cm Nahtbreite feststeppen. Versäubere die Taschenbeutelnaht, jedoch nicht die Seitennähte. Lege die Taschenbeutel, rechte Seite oben, unter die Tascheneingriffe. Beachte dabei die markierten Punkte, sie geben die Länge des Tascheneingriffes an. Wende das Vorderteil, die linke Seite ist jetzt oben, und befestige mit Stecknadeln die Taschenbeutel auf dem Vorderteil. Steppe bei 3 mm von der äußeren versäuberten Schnittkante die Taschenbeutel fest. Taschenbeutel bügeln.

3 Vorder- und Rückenteil
Lege jetzt Vorderteil und Rückenteil rechts auf rechts und schließe die Schulternähte. Versäubere die Nahtzugaben und bügele sie ins Rückenteil. Mit dem Schließen der Seitennähte noch warten, denn es ist jetzt einfacher, die Blende an den Halsausschnitt zu nähen.

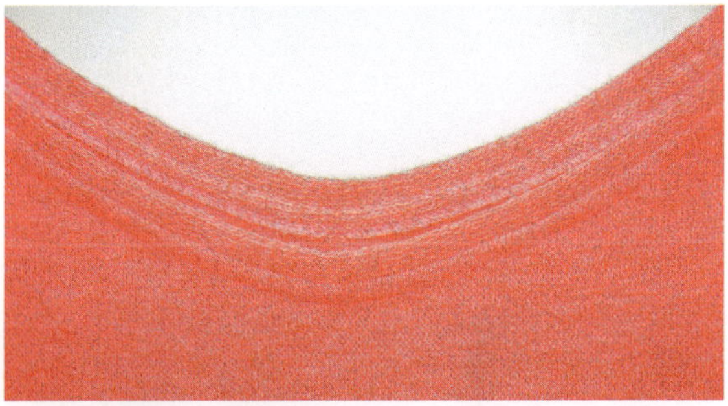

4 Halsausschnitt
Schließe die Halslochblende rechts auf rechts bei 1 cm Nahtbreite zum Kreis. Bügele die Nahtzugabe auseinander. Dann bügelst du die Blende links auf links in den Bruch. Stecke die Halslochblende rechts auf rechts mit der Schnittkante (Bruch liegt im Teil) an der Halsausschnittkante mit ein paar Stecknadeln fest. Die Naht der Halslochblende liegt entweder an der linken oder der rechten Schulternaht deckungsgleich aufeinander. Nähe deinen Halsausschnitt, dabei musst du die Halslochblende leicht dehnen, und versäubere ihn an den Schnittkanten. Schlage die Nahtzugabe ins Teil und bügele sie. Drehe das Teil auf die linke Seite und steppe die Nahtzugabe des Halsausschnitts füßchenbreit auf.

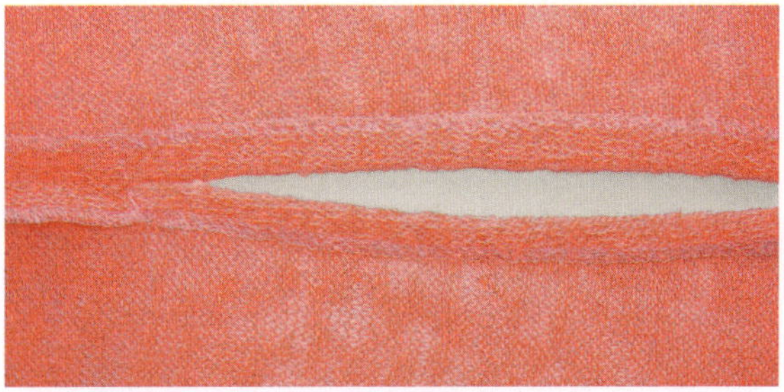

5 Seitennaht und Armausschnitt
Versäubere die Schnittkanten von Seitennaht und Armloch. Lege Vorder- und Rückenteil rechts auf rechts und schließe die Seitennähte ab Armlochmarkierung, bügele die Nahtzugaben auseinander. Die frei bleibende Strecke für das Armloch bei 1 cm umbügeln und an der äußeren versäuberten Schnittkante knappkantig feststeppen.

6 Saum
Versäubere die Saumkante, bügele sie 3 cm nach links um und steppe sie an der äußeren Kante in gedehntem Zustand fest. Bügeln.

Fertig! Das macht doch glücklich, oder?

Netzshirt

LEICHT UND SPORTLICH

Superfresh, supercool, supersexy – dieses Shirt muss einfach in deinem Kleiderschrank hängen!

MATERIAL

Cremefarbener Netzstoff (96 % Viskose, 4 % Elasthan), 70 cm (140 cm breit)
Cremefarbener Viskose-Jersey für die Streifen (92 % Viskose, 8 % Elasthan), 15 cm (140 cm breit)
Passendes Nähgarn
Nähgrundausstattung

← Eine mädchenhaftere Variante des Shirts findest du auf Seite 84 f.

ZUSCHNEIDEN

Schnittbogen 4 Grün (Variante 1)
Größe 34/36 – 38/40 – 42/44
Schnittteile:
A Vorderteil
B Rückenteil

Die Schnittteile gemäß Lageplan mit 1 cm Nahtzugabe zuschneiden.

Außerdem nachfolgende Schnittteile aus dem cremefarbenen Viskose-Jersey zuschneiden (hier ist die Nahtzugabe bereits enthalten):
Halslochblende: Länge = 6 cm kürzer als die Halsausschnittkante, 3,5 cm breit
Schulterstreifen: Länge wie Schulternaht, 2 cm breit (2 ×)
Seitennaht- und Armlochstreifen: Länge wie Seitennaht + vorderes Armloch, 2 cm breit (2 ×)
Saumstreifen: Länge wie Saumkante, 2 cm breit

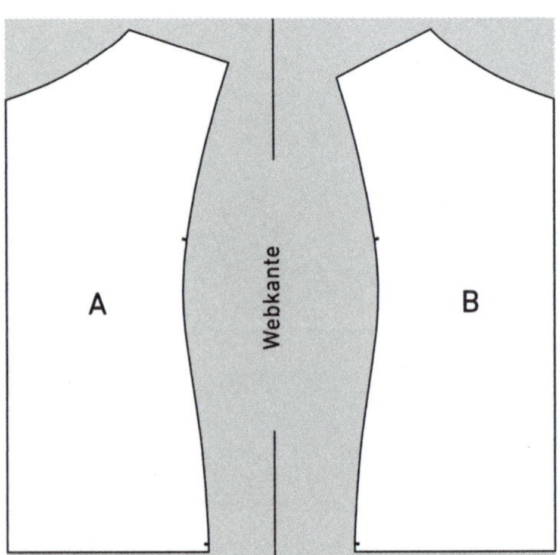

NÄHEN

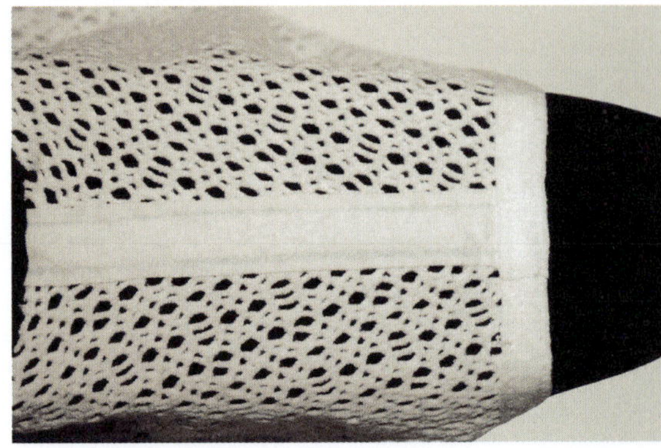

1 Schulternähte
Lege Vorderteil und Rückenteil links auf links und schließe die Schulternähte. Die Nahtzugabe befindet sich also rechts außen. Bügele die Naht auseinander und schneide die Nahtzugabe auf 5 mm zurück. Lege den Schulterstreifen mittig auf der Schulternaht auf, die Nahtzugabe liegt darunter, und nähe rechts und links 3 mm von der Schnittkante entfernt den Streifen leicht gedehnt auf. Mit dem Schließen der Seitennähte noch warten, denn es ist jetzt einfacher, die Blende an den Halsausschnitt zu nähen.

2 Halsausschnitt
Schließe die Halslochblende rechts auf rechts bei 1 cm Nahtbreite zum Kreis und bügele die Nahtzugabe auseinander. Bügele die Blende links auf links in den Bruch. Stecke die Halslochblende rechts auf rechts mit der Schnittkante (Bruch liegt im Teil) an der Halsausschnittkante fest. Die Naht der Halslochblende liegt entweder an der linken oder der rechten Schulternaht deckungsgleich auf. Nähe den Halsausschnitt, dabei musst du die Halslochblende leicht dehnen, und versäubere ihn an den Schnittkanten. Schlage die Nahtzugabe ins Teil und bügele sie. Drehe das Teil auf die linke Seite und steppe die Nahtzugabe des Halsausschnitts füßchenbreit fest.

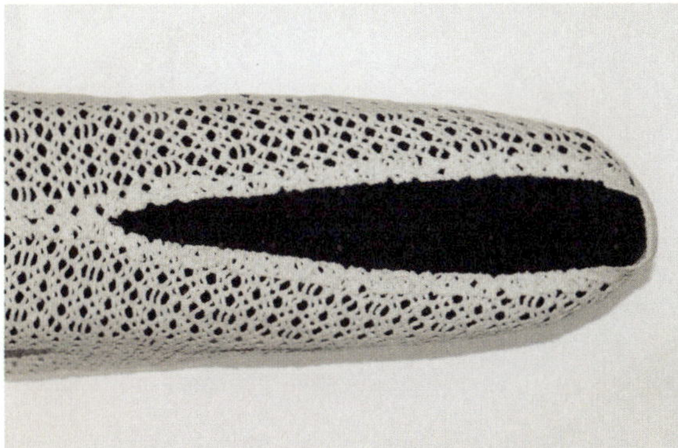

3 Seitennähte

Schließe die Seitennähte links auf links ab Armlochmarkierung. Die Nahtzugabe befindet sich rechts außen. Bügele die Nähte auseinander und die Armlochschnittkanten mit einer Nahtzugabe von 1 cm nach rechts außen. Schneide die Nahtzugaben auf 5 mm zurück. Schneide dann den Seitennaht- und Armlochstreifen mittig der Länge nach auf die Armlochtiefe ein.

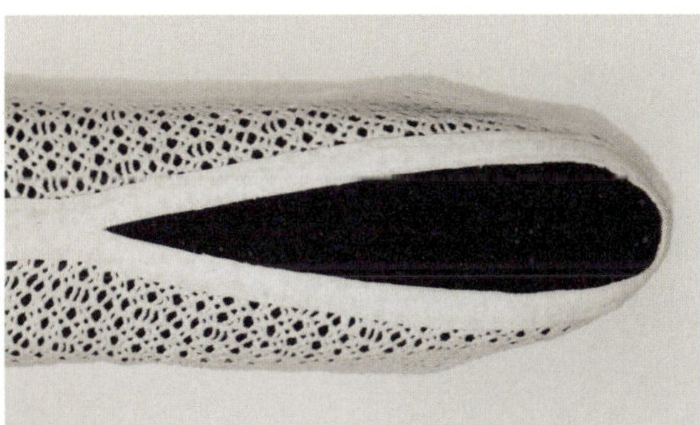

4 Lege den Armlochstreifen von rechts an die eingebügelte Bruchkante des Armlochs; die Nahtzugabe wird an der Schulternaht einfach übereinandergelegt. Steppe den Streifen 2 mm ab Schnitt- und Bruchkante leicht gedehnt auf. Lege den Seitennaht- und Armlochstreifen mittig zur Seitennaht auf, die Nahtzugabe liegt darunter, und nähe rechts und links 3 mm von der Schnittkante entfernt den Streifen dehnbar auf.

5 Shirtsaum

Bügele die Nahtzugabe des Saums bei 1 cm nach links um. Lege den Saumstreifen von links an die eingebügelte Bruchkante des Saums, die Nahtzugabe des Streifens wird an einer Seitennaht einfach übereinandergelegt. Steppe den Streifen 2 mm ab Schnitt- und Bruchkante leicht gedehnt auf. Die innere Streifenkante nähst du 3 mm von der Schnittkante entfernt ebenfalls leicht gedehnt auf. Zum Schluss das Bügeln der Saumkante nicht vergessen.

Ein besonderes Shirt ist fertig!

Variante des Netzshirts

AUCH ALS TOP EINE FEINE SACHE

Jeder sollte mehrere Basics im Kleiderschrank haben. Hier eine unkomplizierte, sehr modische Variante!

MATERIAL

Rosafarbener Viskose-Jersey (92 % Viskose, 8 % Elasthan), 80 cm (140 cm breit)
Passendes Nähgarn
Nähgrundausstattung

ZUSCHNEIDEN

Schnittbogen 4 Grün (Variante 1)
Größe 34/36 – 38/40 – 42/44
Schnittteile:
A Vorderteil
B Rückenteil

Die Schnittteile gemäß Lageplan mit 1 cm Nahtzugabe zuschneiden. Am Shirtsaum 3 cm Nahtzugabe zugeben.

Außerdem nachfolgendes Schnittteil zuschneiden (hier ist die Nahtzugabe bereits enthalten).
C **Halslochblende:** Länge = 6 cm kürzer als die Halsausschnittkante, 3,5 cm breit

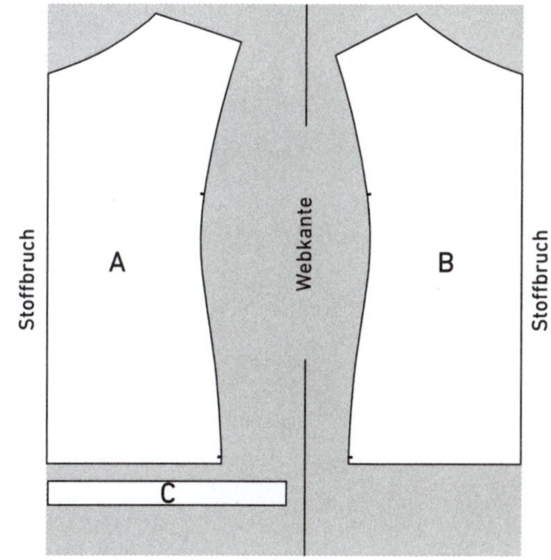

NÄHEN

1 Vorder- und Rückenteil
Lege Vorderteil und Rückenteil rechts auf rechts und schließe die Schulternähte. Versäubere die Nahtzugaben und bügele sie ins Rückenteil. Mit dem Schließen der Seitennähte noch warten, denn es ist jetzt einfacher, die Blende an den Halsausschnitt zu nähen.

2 Halsausschnitt
Nimm die Halslochblende zur Hand und schließe sie rechts auf rechts bei 1 cm Nahtbreite zum Kreis. Bügele die Nahtzugabe auseinander. Dann bügelst du die Blende links auf links in den Bruch. Stecke die Halslochblende rechts auf rechts mit der Schnittkante (Bruch liegt im Teil) an der Halsausschnittkante mit ein paar Stecknadeln fest. Die Naht der Halslochblende liegt entweder an der linken oder der rechten Schulternaht deckungsgleich aufeinander. Nähe deinen Halsausschnitt, dabei musst du die Halslochblende leicht dehnen, und versäubere ihn an den Schnittkanten. Schlage die Nahtzugabe ins Teil und bügele sie. Drehe das Teil auf die linke Seite und steppe die Nahtzugabe des Halsausschnitts füßchenbreit auf.

3 Seitennaht und Armausschnitt
Versäubere die Schnittkanten von Seitennaht und Armloch. Lege Vorder- und Rückenteil rechts auf rechts und schließe die Seitennähte ab Armlochmarkierung, bügele die Nahtzugaben auseinander. Die frei bleibende Strecke für das Armloch gleichmäßig bei 1 cm umbügeln. Steppe das umgebügelte Armloch an der äußeren versäuberten Schnittkante knappkantig fest.

4 Saum
Versäubere die Saumkante. Bügele dafür 3 cm Saum nach links um und steppe an der äußeren Saumkante im gedehnten Zustand den umgeschlagenen Saum fest. Nochmals bügeln.

Fertig ist dein stylishes Allround-Top!

Rock mit Ringelstreifen

STREIFEN – STREIFEN – STREIFEN

Ein wunderschöner Sommerrock, leicht und bequem zu tragen und unkompliziert in der Verarbeitung. Am besten nähst du dir gleich ein paar davon und probierst verschiedene Prints aus!

MATERIAL

Streifen-Jersey (100 % Baumwolle), 80 cm (140 cm breit)
Uni-Jersey für den Taillenbund und den Einfassstreifen (90 % Viskose, 10 % Elasthan), 30 cm (140 cm breit)
Passendes Nähgarn
Nähgrundausstattung

Hinweis: Dieser Schnitt ist nur für Wirkware geeignet.

← Die Anleitung für das Shirt findest du auf Seite 84 f.

ZUSCHNEIDEN

Schnittbogen 4 Rot
Größe 34/36 – 38/40 – 42/44
Schnittteile
A Vorderrock
B Hinterrock
C Taschenbeutel (2 ×)
D Taillenbund (2 ×)

Die Schnittteile gemäß Lageplan mit 1 cm Nahtzugabe zuschneiden. Am Rocksaum 2,5 cm Nahtzugabe zugeben.

Bitte beachten: Die Schnittkanten, die eingefasst werden, d. h. die Tascheneingriffe im Vorderrock, ohne Nahtzugabe zuschneiden.

Außerdem nachfolgende Schnittteile zuschneiden (hier ist die Nahtzugabe bereits enthalten):
E **Einfassstreifen für Tascheneingriff:** Länge wie Tascheneingriffkante am Vorderrock, 3,5 cm breit (2 ×)

Aus Streifen-Jersey

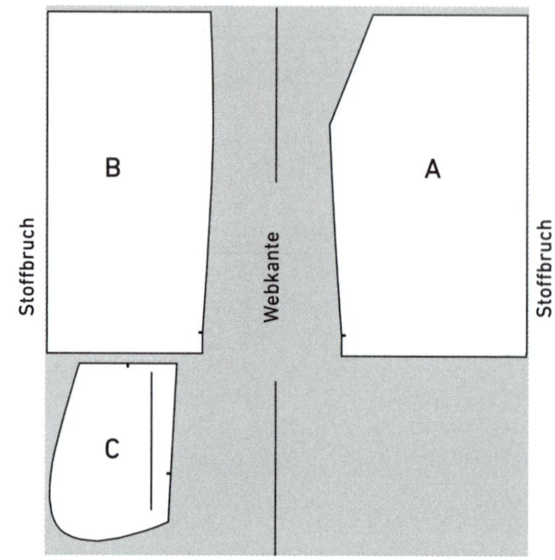

Aus Uni-Jersey

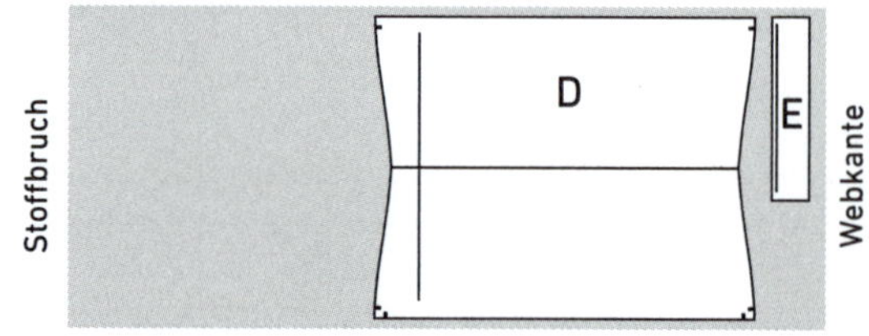

NÄHEN

1 Tascheneingriffe einfassen
Nimm den Vorderrock, die Einfassstreifen für den Tascheneingriff (2 ×) und die Taschenbeutel (2 ×) zur Hand. Lege die Einfassstreifen rechts auf rechts auf die Tascheneingriffe im Vorderrock und nähe sie bei 5 mm Nahtbreite zusammen. Schlage den Einfassstreifen an der genähten Naht in Richtung der Schnittkanten um und bügele diese Strecke. Danach lege den Einfassstreifen um die Naht herum auf die linke Stoffseite und bügele nochmals. Achte darauf, dass die Nahtzugabe (5 mm) im gleichmäßigen Abstand den Einfass ausfüllt. Nähe den Einfassstreifen im Nahtschatten fest. Schneide die überflüssige Nahtzugabe bis auf 5 mm weg.

2 Rocktaschen nähen
Drehe den Vorderrock auf die linke Seite. Lege die versäuberten Taschenbeutel entsprechend der Knipse rechts auf links auf den Vorderrock und stecke mit einigen Stecknadeln fest. Achte hierbei auf das Streifenmuster. Jetzt nähe die

Taschenbeutel knappkantig mit dem Vorderrock zusammen. Steppe den Taschenbeutel nochmals füßchenbreit fest. Zum Schluss bügele die Taschenbeutel.

3 Vorder- und Hinterrock nähen
Lege Vorder- und Hinterrock rechts auf rechts und schließe die Seitennähte. Kontrolliere vor dem Versäubern, ob an den Seitennähten das Streifenmuster stimmt. Versäubere die Nahtzugaben und bügele sie in den Hinterrock. Markiere am Vorder- und Hinterrock die vordere und hintere Mitte.

4 Rocksaum
Bügele den Saum genau im Muster bei 2,5 cm nach links um. Versäubere die Saumschnittkante und bügele sie nochmals. Nähe dann den Saum an der äußeren versäuberten Schnittkante knappkantig und füßchenbreit im gedehnten Zustand fest.

5 Bündchen vorbereiten
Lege die Taillenbundteile rechts auf rechts und schließe die Seitennähte. Achte darauf, dass du dehnbar nähst. Bügele die Nähte auseinander. Lege das Bündchen zur Hälfte links auf links aufeinander, sodass die obere Bundkante im Bruch liegt, und stecke die Schnittkanten mit einigen Stecknadeln zusammen. Nähe das Bündchen an den beiden aufeinanderliegenden Schnittkanten zusammen. Du musst hier sehr dehnbar nähen, damit im gedehnten Zustand die Weite des Rockansatzes erreicht wird, mit dem das Bündchen jetzt zusammengenäht wird.

6 Taillenbund annähen
Markiere die vordere und die hintere Mitte des Bündchens jeweils mit einer Stecknadel. Das Bündchen hat jetzt vier Markierungspunkte: die beiden Seitennähte und die beiden Stecknadeln in der vorderen und hinteren Mitte. Stecke jetzt den Taillenbund rechts auf rechts an den entsprechenden Markierungspunkten mit der oberen Rockkante aufeinander. Nähe im gedehnten Zustand bei 1 cm Nahtbreite das Bündchen und den Rock zusammen. Überprüfe, ob das Muster des Rocks einen gleichmäßigen Abstand zur Naht hat. Versäubere die Naht im gedehnten Zustand und bügele sie in den Rock.

Der Rock kann ausgeführt werden!
Hat Spaß gemacht, oder?

Hot Pants

IN DUNKELBLAU MIT WEISSEN ZIERSTREIFEN

Diese sportlichen Shorts sind aus einem sehr hochwertigen Doubleface-Jersey. Eine Hose, die einfach klasse aussieht – nicht nur beim Sport, sondern auch danach …

MATERIAL

Dunkelblauer Viskose-Jersey
(59 % Viskose, 38 % Mikrofaser, 3 % Elasthan),
60 cm (125 cm breit)
Weißer Rippen-Jersey für die Blenden
(94 % Baumwolle, 6 % Elasthan),
10 cm (140 cm breit)
2 Knöpfe in Weiß
Passendes Nähgarn
Nähgrundausstattung

← Die Anleitung für das Top findest du auf Seite 42 f.

ZUSCHNEIDEN

Schnittbogen 1 Blau
Größe 36 – 38 – 40 – 42
Schnittteile
A Vorderhose (2 ×)
B Hinterhose (2 ×)
C Taschenbeutel (2 ×)

Die Schnittteile gemäß Lageplan mit 1 cm Nahtzugabe zuschneiden. Die Schablone (G) für den Hosenschlitz gemäß Schnittmusterbogen aus festem Papier erstellen.

Außerdem nachfolgende Schnittteile zuschneiden (hier ist die Nahtzugabe bereits enthalten):
D **Taillenbund:** 38 cm (36), 40 cm (38), 42 cm (40), 44 cm (42) lang, 14 cm breit (2 ×)
E **Saumblende aus Rippen-Jersey:** Länge = 5 cm kürzer als vordere und hintere Saumkante, 3,5 cm breit (2 ×)
F **Tascheneingriff-Blende aus Rippen-Jersey:** Länge = 1 cm kürzer als der Tascheneingriff an der Vorderhose, 3,5 cm breit (2 ×)

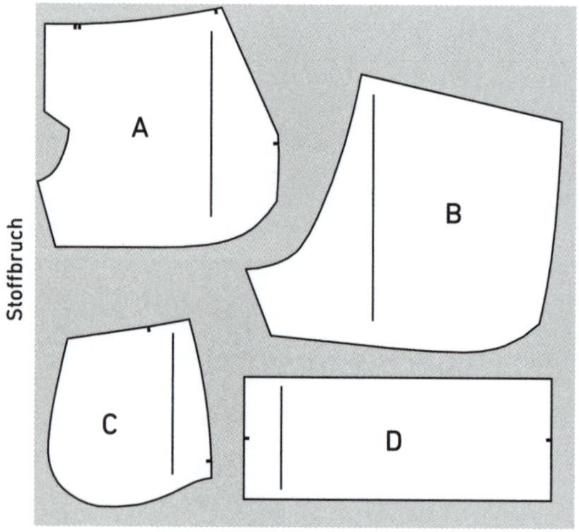

NÄHEN

1 Taschen
Für die Taschen benötigst du die Vorderhosenteile (2 ×), die Taschenbeutel (2 ×) und die beiden Tascheneingriff-Blenden aus dem Rippen-Jersey (2 ×). Lege die Blenden links auf links auf Bruch und bügele sie. Lege dann die Blende rechts auf rechts an die Schnittkante des Tascheneingriffs in der Vorderhose und stecke sie fest. Nähe die beiden Nähte bei 1 cm Nahtbreite und versäubere sie. Schlage die Blenden mit der Nahtzugabe nach links und steppe von rechts füßchenbreit die Zugabe mit dem Oberstoff zusammen. Drehe die Vorderhose auf die linke Seite. Lege die versäuberten Taschenbeutel entsprechend der Knipse rechts auf links auf die Vorderhose, stecke sie fest und nähe sie knappkantig mit der Vorderhose zusammen. Steppe den Taschenbeutel nochmals füßchenbreit fest.

2 Innere Beinnähte
Lege die Vorder- und Hinterhose rechts auf rechts und schließe die inneren Beinnähte bei 1 cm Nahtbreite. Bügele die Nahtzugabe in die Hinterhose und steppe sie füßchenbreit fest.

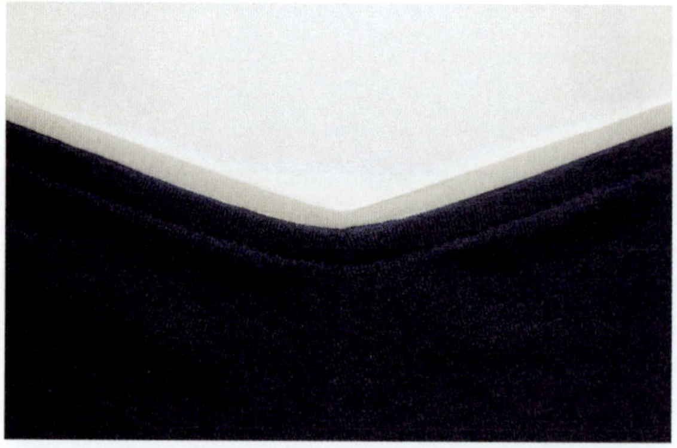

3 Saumblenden
Lege die Saumblenden links auf links auf Bruch und bügele sie. Jetzt legst du die Saumblenden

rechts auf rechts an die Saumschnittkanten der Vorder- und Hinterhose und steckst sie mit Stecknadeln fest. Nähe die beiden Nähte bei 1 cm Nahtbreite und versäubere sie. Schlage die Blenden mit der Nahtzugabe nach links und steppe von rechts füßchenbreit die Zugabe mit dem Oberstoff zusammen.

4 Seitennähte
Lege die Vorder- und Hinterhose rechts auf rechts und schließe die Seitennähte bei 1 cm Nahtbreite. Versäubere die Nahtzugaben und bügele sie mit einem Bügeltuch von rechts in die Hinterhose. Steppe die Naht nochmals füßchenbreit ab.

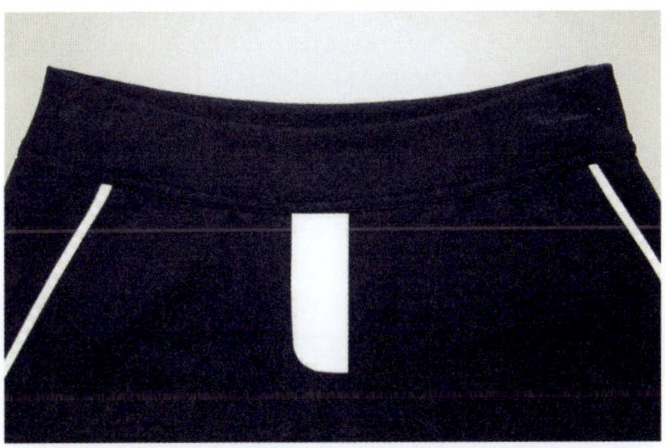

5 Schrittnaht, Hosenschlitz und Knopflöcher
Schließe die Schrittnaht rechts auf rechts, beginnend am angeschnittenen Hosenschlitz. Die beiden inneren Hosenbeinnähte müssen exakt aufeinanderpassen. Fixiere diese Stelle mit einer Stecknadel. Versäubere die Schrittnaht inklusive dem angeschnittenen Hosenschlitz in der Vorderhose. Bügele von rechts die vordere Mitte ein, sie ist mit einem Knips markiert.
Der angeschnittene Schlitz liegt innen auf der rechten Seite der Vorderhose. Markiere dir die Position der Knopflöcher auf der rechten Vorderhose und nähe sie anschließend. Danach bügele den Hosenschlitz. Nähe den angeschnittenen Hosenschlitz an der oberen Kante füßchenbreit zusammen. Lege von der rechten Seite deine Schablone für den Hosenschlitz an die vordere Mitte an. Steppe durch alle Stofflagen außen an der Schablone entlang. Steppe die Schrittnaht ab Hosenschlitz füßchenbreit ab. Nähe die Knöpfe an den markierten Stellen am Untertritt an.

6 Hosenbund
Nähe den Bund an den kurzen Kanten bei 1 cm Nahtbreite zusammen. Markiere dir am Bund die vordere und hintere Mitte sowie die Seitennähte jeweils mit einer Stecknadel. Lege die Seitennähte von Bund und Hose rechts auf rechts aufeinander und stecke sie mit einer Stecknadel fest. Wiederhole den Vorgang an der vorderen und hinteren Mitte. Nähe die Schnittteile im gedehnten Zustand im Abstand von 1 cm zur Schnittkante zusammen. Versäubere die Naht anschließend ebenfalls im gedehnten Zustand. Lege jetzt die versäuberte Naht in den Bund und steppe sie an der Nahtbruchkante nochmals schmal und füßchenbreit ab.

Coole Hose! Viel Spaß beim Tragen.

TIPP

Hast du keinen Nähfuß, mit dem du Knopflöcher nähen kannst, stelle deine Nähmaschine auf einen kleinen und dichten Zickzackstich ein. Dann nähe mit dieser Einstellung die Form der Knopflöcher nach.

Glossar

Absteppen Eine Naht oder Kante auf der rechten Seite des Projekts nochmals dekorativ nachsteppen.

Belege Kleine Schnittteile, die die gleiche Form haben wie die Kanten, die sie versäubern sollen (zum Beispiel am Halsausschnitt). Sie werden nach dem Annähen nach innen umgeschlagen.

Doppelbruch Die Webkanten beidseitig zur Mitte legen, sodass die äußeren Kanten nun auf Bruch liegen. Wie weit die Webkanten nach innen geschlagen werden, hängt von der Breite des Schnittteiles ab. Bleibt in der Mitte ein Stück frei und hat man Schnittteile, die nur einmal zugeschnitten werden, kann man diesen freien Platz dafür nutzen.

Fadenlauf Bei einem Gewebe werden Kett- und Schussfäden im 90-Grad-Winkel miteinander verwebt. Der Fadenlauf zeigt immer die Richtung an, in der das Schnittteil aufgelegt werden muss (Kettrichtung). Im Allgemeinen verläuft der Fadenlauf parallel zur Webkante bzw. zum Stoffbruch.

Füßchenbreit, knappkantig oder schmal In der Regel ist ein Nähfuß 1,4 cm breit. Der Abstand der äußeren Fußkanten zur Nadel beträgt auf jeder Seite 7 mm. Schließt die Stoffkante beim Nähen mit der Außenkante des Nähfußes ab, versteht man darunter das »füßchenbreite Nähen«. Es entsteht hierbei eine Naht, die 7 mm entfernt von der Stoffkante verläuft. Beim knappkantigen Steppen näht man ca. 1 mm, beim schmalkantigen Steppen ca. 2 mm von der Kante oder Naht entfernt.

Jersey Sammelbegriff für alle gewirkten bzw. gestrickten Stoffe, siehe auch Wirk- und Strickware.

Nahtschatten »Im Nahtschatten nähen« bedeutet, dass ein verstürztes Stoffteil von der rechten Seite an der verstürzten Naht mit dem Stoffteil verbunden wird.

Schräg zum Fadenlauf zuschneiden Der schräge Fadenlauf verläuft im 45-Grad-Winkel schräg zur Webkante. Schnittteile, die in dieser Richtung zugeschnitten werden, sind besonders dehnbar. Daher lassen sie sich beispielsweise gut zum Einfassen von Kanten verarbeiten.

Stoffbruch Legt man Webkante auf Webkante, erhält man am anderen Ende eine Falte, die als »Stoffbruch« bezeichnet wird.

Verriegeln Um zu verhindern, dass sich eine Naht wieder öffnet, näht man an jedem Ende der Naht einige (zwei bis drei) Stiche vor und zurück.

Versäubern Um zu verhindern, dass die Schnittkanten von Nahtzugaben nach dem Nähen ausfransen, müssen sie, entweder mit einer Overlockmaschine oder per Zickzackstich, genäht und damit gesichert werden.

Verstürzen Zwei formgleiche Schnittteile werden an der Nahtzugabe (Schnittkante) zusammengenäht und anschließend gewendet.

Webstoffe Bei Webstoffen werden mittels bestimmter Bindungsverfahren Kett- und Schussfäden miteinander verwebt. Die Stoffe sind fester und weniger dehnbar als Wirkware.

Wirk- und Strickware Jerseystoffe können aus Natur- oder Synthetikfasern bestehen und werden mit bestimmten Wirkverfahren hergestellt, sodass Stoffe entstehen, die sehr dehnbar sind.

STOFFE

Die Stoffe folgender Modelle kannst du bei uns unter *www.brigitte-buege-online.com* erwerben:

Kimono-Sommerkleid, Seite 8 f.
Schicker Jumpsuit, Seite 12 f.
Kurzer Overall, Seite 16 f.
Ärmelloses Jerseykleid, Seite 20 f.
Schwingender Stufenrock, Seite 38 f.
Blümchenshorts, Seite 48 f.
Hosenrock, Seite 56 f.
Rock in Wickeloptik, Seite 60 f.
Kimonoshirt, Seite 64 f.
Hot Pants, Seite 90 f.

Bei Fragen zu unseren Anleitungen kannst du uns gerne telefonisch kontaktieren: 040 8993286.

ÜBER DIE AUTORIN

Bevor Brigitte Büge ihr Modedesign-Studium in Berlin begann, hatte sie bereits einen Gesellenbrief als Damenmaßschneiderin in der Tasche. Zusätzlich erlernte sie die Schnitttechnik. Ende der 1980er-Jahre gründete die diplomierte Designerin ihre eigene Firma. Auch heute noch fertigt sie für Frauen und Männer maßgeschneiderte Kleidungsstücke an, vertreibt zwei Kollektionen im Jahr im In- und Ausland und hat in Hamburg und in List auf Sylt ein Einzelhandelsgeschäft. Seit Jahren arbeitet sie außerdem für verschiedene Verlage. Ein breites Spektrum, das sie dank ihres umfassenden Wissens bewerkstelligen kann – und weil sie ihren Beruf mit dem Herzen lebt. Brigitte Büge hat zwei Töchter, die beide im Unternehmen tätig sind.

DANK

Ich danke dem DK Verlag für die schöne Zusammenarbeit. Des Weiteren danke ich meinem Team (Melanie, Benita, Natascha, Zoe und Celina sowie Heiko, Nemat und Manh), das mit viel Freude und Engagement dazu beigetragen hat, dieses Werk zu etwas ganz Besonderem zu machen.

DK | Penguin Random House

Fotografie und Styling Katja Schubert, außer:
Stepbilder, Bilder S. 6 und S. 95 Brigitte Büge GmbH
Styling Ines Hoyer
Haare und Make-up Lisi Lechner
Model Alena Heyn
Skizzen, Lagepläne und Schnittmuster Brigitte Büge GmbH
Illustration Cover und Schnittmusterbogen DK Verlag
Lektorat Anja Fuhrmann

Für den DK Verlag:
Programmleitung Monika Schlitzer
Redaktionsleitung Caren Hummel
Projektbetreuung Katharina May
Herstellungsleitung Dorothee Whittaker
Herstellungskoordination Arnika Marx
Herstellung, Gestaltung, Typografie, Realisation Inga Reinke

ISBN 978-3-8310-3032-3

Repro Farbsatz, Neuried/München
Druck und Bindung Leo Paper Products, China

FSC www.fsc.org MIX Papier aus verantwortungsvollen Quellen FSC® C020056

Besuchen Sie uns im Internet
www.dorlingkindersley.de

Hinweis
Die Informationen und Ratschläge in diesem Buch sind von der Autorin und vom Verlag sorgfältig erwogen und geprüft, dennoch kann eine Garantie nicht übernommen werden. Eine Haftung der Autorin bzw. des Verlags und seiner Beauftragten für Personen-, Sach- und Vermögensschäden ist ausgeschlossen.